ドラゴン・イングリッシュ 必修英文法100
竹岡広信

講談社+α文庫

はじめに

英文法をどう学ぶか

1.「英文法は変化する」を意識する

　言語は若者が変えていきます。日本語の「気持ち悪い」は「キモイ」や「キモ」と短縮されています。そのような言葉を使っているのは年配の日本人ではなく若者です。英語でも似た現象があります。たとえばconceptionという単語は14世紀に登場しました。それから200年ぐらい経った16世紀にconceptが生まれました。200年の間に-ionが脱落したわけです。若者パワーは言語を変化させていくわけです。その若者が歳を取る頃には、「キモイ」などの「非標準的」と言われた言葉が「標準的な言葉」に変わります。場合によっては、「古典」の仲間入りをするかもしれません。昔は日常語だった「ハンサム」とか「美味しゅうございました」とか「焼けぼっくいに火がつく」などは古典の域に達しているかもしれません。こうして言

3

語は年々変化していくのです。

　理科系科目の定理や公式は、歴史を経ても変化しないものが多いですね。たとえば、「円周は円周率×直径」$L=2\pi r$とか、「理想気体の状態方程式」$PV=nRT$というのは、今後も変化する可能性は低いでしょう。ところが、英文法というのはどんどん変化していきます。時代によって「真理」が異なるのです。このことを理解しておかないと英文法は理解できません。つまり、英文法で「何かおかしいぞ！」と思った場合には、「若者が言語を変えた」と疑ってみればいいでしょう。たとえば、a lot of carsは現在、複数の扱いですが、主語はa lot「１つのカタマリ」で単数です。不思議ですね。実は、昔は単数扱いだったのです。それが長い年月を経て複数形のcarsのほうに注目が集まるようになり複数として扱われるようになったのです。a large number of carsを複数扱いにするのもa lot of carsからの類推変化だと思われます。面白いことに、今ではa lot of carsを単数に扱うと間違いとなります。「昔は正しかったのに今では間違いとなってしまう」というところが言語の面白さでもあるわけです。

2.「普通に使われる文法」を学習する

　日常での使用頻度の高い英文法に絞った学習をすべきです。日本の中学・高校生向きの学習参考書での「頻度」というのは「入試に出る頻度」となります。もし「入試に出る頻度」が「実際の日常での使用頻度」と同じならば問題はありません。ところが、実情ではそうはなっていないことが多いのです。furniture、information、adviceは「(大学入試に)頻出の不可算名詞」と扱われています。でも、日常生活で「頻出」の不可算名詞とは、卵 (egg) や鶏肉 (chicken) やシャーペンの芯 (lead) ではないでしょうか。使用頻度を無視した入試問題と、それに便乗した問題集を見るとやり切れない気持ちになります。なぜこのような事態になったのでしょうか？

「外国語は3年間もやればある程度使えるようになる」というのが世界標準だと思います。そう考えると、英文法についても中学の3年間で十分なことを学んでいるわけです。そこで習うことがまさしく「使用頻度の高い英文法」というわけです。ところが、日本では高校になるとさらに「高度な英文法」を習います。ここに問題があるわけです。「高度な英文法」＝

「重箱の隅をつつく英文法」になってしまっているのです。「語学は反復が命」なのに、新しい事項を盛り込み過ぎてしまっているため反復さえままならぬというのが現状のようです。

　本来ならば中学で習う英文法プラスαぐらいで十分に４技能（読む、書く、話す、聞く）に必要な文法は習得できます。実用英語技能検定（通称、英検）では、準１級や１級では「４択の英文法」は出題されていません。これはこの級レベルで出すものがないからです。もし出すとすれば「重箱の隅をつつく英文法」になってしまうからですね。使用頻度に重点がある大学入試センター試験などでも「重箱の隅」のような問題は出題されません。TOEICテストでも助動詞の問題といえば、まず「助動詞の後ろに動詞を持ってくる場合には、原形不定詞にする」というのが出されます。これは簡単な英文法ではありますが、重要で使用頻度が高いから出題されるのです。

3.ちょっと考えてみる

　時には頭を使って「なぜ？」と考えてみましょう。文法用語が文法説明になるとは限りません。たとえば「時・条件の副詞節の中は動詞を現在形か現在完了形にする」という呪文を読んでも、「なぜそうなるのか？」が分かりません。「公共の場所にはtheがつく」とか言われると???となりますね。もちろん怪しげな理論も嫌ですね。「imagineやconsiderは頭の中で色々なことを考えるから動名詞をとります！」なんて眉唾ものですね。でも、そのようなものでも丸暗記よりはましかもしれません。語学は理屈抜きに暗記せねばならないものも数多くあります。動詞の活用変化なんてそうですね。ラテン語なんて1つの動詞の活用変化だけで90通り以上あります。問答無用で覚えるしかないわけです。ドイツ語の男性名詞、女性名詞、中性名詞も覚えるしかありません。でも、なんでもかんでも「丸暗記」していると、語学が嫌いになってしまいます。英文法の理屈を少しは考えてみましょう。この本がそのような「考える」きっかけになれば幸いです。

Dragon English　ドラゴン・イングリッシュ必修英文法100【目次】

はじめに ————————————————— 3

本書の使い方 ———————————————— 10

PART 1
冠詞・名詞・動詞・代名詞 ——— 11
the moon =「月」でいいのか？

前置詞の集中講義 1 ————————————— 85

PART 2
語順・受動態・動名詞・to不定詞・分詞 ——— 87
「受動態」っていつ使うの？

前置詞の集中講義 2 ————————————— 147

PART 3
接続詞・同格・特殊構文・関係詞 ——— 149
関係代名詞は「つなぐもの」ではない。「代名詞」だ！

前置詞の集中講義 3 ————————————— 203

PART 4

時制・助動詞・仮定法 —— 205
「have ＋ 過去分詞形」は現在完了とは限らない！

前置詞の集中講義 4 —————————— 278

PART 5

形容詞・副詞・比較 —— 279
「as ～ as構文」っていつ使うの？

結びにかえて ————————————— 334

本書の使い方

　本書は、英文法の問題集であり参考書です。英文法の力試しのための問題集としてお使いいただいても、あるいは読み物としてお使いいただいても結構です。

　「英文法にはあまり自信がないな」という人は次のような順序で使ってみてください。

1. まず本文を読んでみてください。
↓
2. 各パートの問題を解いてください。
↓
3. 解説を読んでください。
↓
4. 間違ったり、たまたま正解した問題は、印をつけておいてください。
↓
5. 必要ならばもう一度本文を読んでみてください。
↓
6. 以上のことを何度か繰り返してください。

　ある程度英文法の知識のある人は、1のプロセスを飛ばして問題を解いてみてください。できるだけ反復してみてくださいね。

表記法

- **S**＝主語
- **V**＝動詞
  - to(V)＝to 不定詞
  - (V)ing＝現在分詞あるいは動名詞
  - (V)p.p.＝過去分詞
- **O**＝目的語
- **C**＝補語
- **SV**＝文・節 [〈主語+動詞〉の組み合わせ]
- [　] 言い換え可能　　[×　] 言い換え不可
- [△　] ×ではないが避けたほうがよい　　(　) 省略可能
- ＝ 同意語(句)
- ＊ 非文 [誤りを含む、あるいは不適切な文]
  説明の過程上仕方なく、非文を用いている場合もあります。

PART **1**

冠詞・名詞・動詞・代名詞

the moon＝「月」で いいのか？

Dragon English

001 冠詞

> 破線部に入れるのに適切なものを1つ選べ。
>
> **Although Titan is classified as -------, it is larger than the planet Mercury.**
>
> (A) a moon
> (B) a sun
> (C) the moon
> (D) the sun

● the moon は「月」でいいの？

theは、「聞き手にも特定できるもの」を示します。theの説明をする場合に、「1つに決まる」とか「すべてだ」とか色々な言い方があると思いますが、「聞き手との共通認識」と考えるのが簡単です。

【例1】I will wait for you at the station.

「(あなたも認識できる) 駅で待っているね」

同じ会社に勤めていて、なおかつ通勤に同じ路線を使っている場合、待ち合わせの際にどう言いますか？

12

わざわざ「○○駅で待っているね」と言わなくても、「駅で待っているね」でわかりますね。そういう場合には、the (railway) stationとします。

ところが、「とある駅で彼女と会った」という場合には、聞き手との共通認識というわけではありませんから、a stationとなります。ですから、参考書に「公共の場所にはtheがつく」なんて書いてあるのを見ると「？」という感じになりますね。

「M先生は脳の研究をされています」と聞いて、「サルの脳かな？」と思う人は少ないでしょう。普通「脳」と言えば「人間の脳」を指しますね。その場合の「脳」はthe brainとなります。これも、「身体の一部にはtheがつく」なんて書いてあると（笑）ですね。

一般に星の名前は無冠詞で大文字ではじめます。たとえば「火星」はMarsです。ですからmoon＝「月」ではありません。a moonは「衛星」という意味ですが、我々地球人にとって「衛星」と言えば、夜空に輝く「月」ですね。ですからthe moon＝「月」となったわけです。同様に、the earthも「私たちの共通認識の大地」＝「地球」です。ちなみにunearthという動詞は、「〜の土を掘り返す」→「〜を発掘する」の

意味です。

● 関係代名詞節の前の名詞の冠詞は？

【例2】Iraq is a [×the] country that I have never been to.

「イラクは私が行ったことのない国です」

「私が行ったことのない国」なんて無数にありますね。そういう場合にはa country that...とします。theは、関係詞節の説明の結果、特定できる場合です。

【例3】This is the town where I was born.

「これは私が生まれた街です」

設問の解説

正解：(A)
土星にはいくつかの衛星があり、タイタンはそのうちの1つですから、(A)が正解です。なおa sunは「恒星」の意味です。
[訳] タイタンは、衛星と分類されているが惑星である水星より大きい。

002 名詞

> 破線部に入れるのに適切なものを1つ選べ。
>
> I hate -------. If such a filthy insect settles on me, I will faint.
>
> (A) a cockroach
> (B) cockroaches
> (C) a snail
> (D) snails

●「犬が好き」の「犬」は、単数形それとも複数形なの?

複数形を用います。「犬が好き」の「犬」は、「(ある特定の)犬」を指すのではなく、「犬(全般)」を指しますね。このような場合には複数形を用います。I like a dog.は「ある犬が好きです」という感じです。

【例1】I like T-shirts.

「私はTシャツが好きです」

この文を、もしI like a T-shirt.とすると「私はある

15

Tシャツが好きです」という意味になり、「今はまだ言ってないが、あるTシャツが好きなんだ」という意味になってしまいます。次のような例でも同じです。

【例2】Dogs are more faithful to us than cats.
「猫より犬のほうが人間に従順だ」

●「総称の the」って何？

theは、「聞き手にも特定できるもの」でしたね。「総称のthe（the＋名詞の単数形で、その種全体を総称する働き）」も、同じです。たとえば、computerというのは17世紀前半に英語に登場し、本来は「計算者」の意味でした。その後「計算機」の意味に転じました。ところが、今の世の中でcomputerと聞いて思い浮かべるのは、もちろん「（アップルやＩＢＭや富士通などの）コンピュータ」ですね。ですから、the computerで「（皆が思い浮かべることができるような）コンピュータ」から「（総称的に）コンピュータ」となるわけです。

play the piano「ピアノ（というもの）を弾く」も同様です。「楽器名だからtheがつく」のではなく「（総称的な）ピアノ」なのでtheがつくわけです。よって

「小型のグランドピアノを弾く」のように特殊なケースではplay a baby grand pianoとなります。これは、take the train「電車（というもの）に乗る」にも当てはまります。

すべての名詞に「総称のthe」が適用されるのではありません。上記以外でよく使われるのは、the television「テレビ」、the bicycle「自転車」などの「科学技術の分野での発明品」です。

the rich「金持ちの人々（複数扱い）」、the unknown「未知なるもの（単数扱い）」のように〈the＋形容詞〉の形で「総称のthe」が使われることがあります。ただしごく限られた形容詞にしか適用されません。

設問の解説

正解：(B)
一般論ですから複数形を選びます。また後半に「昆虫」とありますから、a snail / snails「カタツムリ」はダメですね。後半は具体的な場面を想定していますので、単数形で書かれていることに注意してください。答えは(B)です。
[訳] 私はゴキブリは嫌い。あんな不潔な昆虫が私の身体にとまったりしたら、気絶するよ。

Dragon English 003 名詞

> 破線部に入れるのに適切なものを1つ選べ。
>
> You have got ------- on your tie. Did you have fried eggs for breakfast?
>
> (A) a few eggs
> (B) an egg
> (C) some egg
> (D) some eggs

● 「不可算名詞（an uncountable noun）」って何？

文字通り「数えることが可能ではない名詞」のことです。でも、「不可算名詞」と呼ばれている多くの名詞は、可算名詞として使うこともあります。たとえばtime「時間」は、「不可算名詞」ですが、a long time「長い時間」なら可算名詞の扱いとなります。不可算名詞といってもtimeのようにどちらでも使えるものがほとんどです。

18

純粋に不可算名詞というものも存在します。たとえば、news「ニュース」、information「情報」、advice「忠告」のような「情報」に関わる単語。traffic「交通（車などの流れ）」、weather「天候（雲の流れ）」、progress「進歩（プラスへの推移）」などの「流れ」に関わる単語などです。

● chicken は不可算名詞になるの？

丸ごとの「1羽の鶏」の意味では可算名詞ですね。ところが、鶏肉にした場合はどうでしょうか？ 切り方によって、いくらでも数え方があり、ミンチなんかになってしまえば、もう絶対数えられませんね。ですから「鶏肉」という場合には不可算名詞の扱いとなります。これはeel「ウナギ」、lamb「子羊」などにも当てはまります。「ウナギは好きですか」はWould you like eel? ですが、もしWould you like eels? とすると「ウナギを（たとえばペットとして）好きですか」の意味になります。

「動物名」と「肉の名前」で単語が変わることもあります。これは、「動物名」は元々イギリスにあった単語で、「肉の名前」は、昔イギリスを支配した、「肉を

調理してもらう側」の人々の言語であるフランス語に由来したものです。たとえば、a cow「牛」、beef「牛肉」／a pig「豚」、pork「豚肉」／a sheep「羊」、mutton「羊肉」／a calf「子牛」、veal「子牛肉」／a deer「鹿」、venison「鹿肉」などです。

● hair は可算名詞になるの？

「人間の頭髪全体」という意味の場合には、さすがに数えられません（あるテレビ番組では数えていましたが）。よって不可算名詞の扱いです。たとえば「黒髪の女」ならa woman with black hairです。ところが、机の上に落ちた「1本の髪の毛」の場合には可算名詞の扱いとなります。

設問の解説

正解：(C)
eggは「1個のタマゴ」という場合には可算名詞ですが、「タマゴの中身の一部分」という場合には不可算名詞の扱いです。本問の場合には「ネクタイについた」とありますから、不可算名詞の扱いが妥当ですね。なおsomeは、可算名詞の前にも不可算名詞の前にも置くことができます。
[訳] ネクタイにタマゴがついているよ。朝食に目玉焼きでも食べたの？

004 名詞

破線部に入れるのに適切なものを1つ選べ。

This laboratory is suitable for students, but there ------ electronic equipment in it.

(A) are a few
(B) is a lot
(C) is too much
(D) are too many

● a few の a って何?

　a few girlsという形は奇妙ですね。aの後ろに複数名詞があるなんて！　実はa few ～は、元々はa lot of ～と同じようにa few of ～だったのですがofが脱落してしまいました。a few of girls→a few girlsの流れですね。今ではa few of girlsは間違いとみなされます。a few ofが使われるのはa few of the girlsのようにtheなどで特定化された名詞が続く場合だけです。

● a few と few ってどう違うの？

どちらも可算名詞の複数形の前に置かれるという点では同じです。a few ～は「(プラスイメージを示して) ～が少しある」の意味で、few ～は「(マイナスイメージを示して) ～がほとんどない」の意味になります。a fewが、「2～3の」などの具体的な数字を示すわけではないということも重要ですね。たとえば、500名のパーティで女の子が30名だと「少ない」と感じますよね。そんな場合にはfew girlsを用いるわけです。もちろん、これには個人差がありますよ。

ちなみに、quite a few ～ (硬い文ではnot a few ～) となると「かなり多くの」で、only a few ～は「ごく僅かの」の意味です。

いずれも、不可算名詞の場合にはfewをlittleとします。

● furniture「家具」がなぜ不可算名詞なの？

イギリスの伝統が関連しています。昔、「ジャム」のことを貴族はpreserve、庶民はjamと言っていまし

た。ところが、庶民は、貴族への憧れから、preserveという単語を使いだしました。これと同じことが、furnitureやbaggageでも起きました。貴族が旅行に出る時には、従者や召使いを引き連れ多くのカバンを持って行きました。このような沢山のカバンを集めたものをbaggageと言ったわけです。またfurnitureは、貴族が屋敷全体の家具を職人に作らせ、それら全体をfurnitureと呼んでいました。そして、このような単語を庶民も好んで使うようになり、「(小さな) 1つの家具」でもfurnitureと言うようになりました。ただし「不可算名詞の扱い」の伝統は引き継がれたというわけです。furnitureもbaggageも、数えたい場合にはa piece of 〜、two pieces of 〜とします。

設問の解説

正解：(C)
equipment「機器、設備、用品」は不可算名詞ですから、複数扱いはしません。またa lot ofは、可算名詞の前でも不可算名詞の前でも使えますが、a fewのようにofを省略することはできません。よって(C)が正解となります。
[訳] この研究室は学生向きだが電子機器が多すぎる。

Dragon English 005 名詞

> 破線部に入れるのに適切なものを1つ選べ。
>
> The soccer game was shown on a big screen in front of ------- audience.
>
> (A) a large
> (B) a lot of
> (C) many
> (D) much

● audience は「観客」でいいの？

日本語の「客」に対応する英単語は多いですね。a customer「(店舗などにモノを買いに来る1人の)客」は、元々はcustom「習慣」からの派生で「習慣的に来る客」の意味でした。今では、その意味はありません。a client「依頼人、クライアント」は、「(物を買うのではなく、弁護士、会計士、広告会社などへ何かを依頼に来る)客」のことです。a spectatorは「(催し物やスポーツの試合などに来る1人の)観客」

24

の意味です。これは、spect-「見る」から、「見る人」が原義です。

ところがan audienceは、こうした単語と一線を画します。なぜなら「1人の客」という意味ではなく、「(劇場や演説会などに来る)観衆全体」、「(テレビ、ラジオの)視聴者全体」、「(雑誌などの)読者全体」を示す単語だからです。

イギリスは昔から演劇が盛んでした。16～17世紀に活躍したShakespeareは余りにも有名ですね。劇場関係者にとっては、客が「大入り」かどうかが興味の対象であって、ひとりひとりの客には興味はなかったと考えられます。よって、audienceは、客全体を表し、a large audience「大入りの客」という表現が定着したのでしょうね。

● staffは「スタッフ」でいいの？

staffも、audienceのように全体を表す単語です。a staffで「(ある1つの職場の)職員全体」という意味です。「私はここの職員です」という場合にはI am on the staff [on staff].と言います。*I am a staff.とは言いません。

【例1】Our department has a staff of 20 [×has 20 staffs].
「うちの部署には20人のスタッフがいる」

ちなみに、日本語の「スタッフ」というのは「臨時雇いの従業員」という意味にもなりますが、英語のstaffそのものには、そのような意味はありません。

● people は何人ぐらいなの？

日本語の「人々」はもっと数が多い感じですが、2人以上ならpeopleを使います。よってsはつけませんが常に複数扱いです。a peopleとする場合は「1つの民族」という意味です。

【例2】a friendly people 「友好的な民族」

設問の解説

正解：(A)
audienceは可算名詞ですから冠詞が必要です。よって少なくともa lot ofやmuchにはなりません。many audiences なら「いくつもの観客のカタマリ」の意味となり可です。答えは(A) a largeです。
[訳] そのサッカーの試合は、大観衆の前に置かれた大きなスクリーンに映し出された。

006 動詞

破線部に入れるのに適切なものを1つ選べ。

I have already had one bad experience buying goods by mail order and I don't want -------.

(A) another
(B) any longer
(C) at all
(D) other

●「目的語」の省略について教えて

日本語では主語は頻繁に省略しますが、目的語の省略も同じくらい行われます。大好きな恋人を前にして「好きだよ」と言えば、誰が誰に向かって「何が」好きと言っているかわかりますよね。ところが、英語では、そんな理屈は通りません。必ずI love you.「私は、あなたが、好きだ」と言わなければならないのです。邪魔くさいですね。「パパにとって愛車は恋人み

27

たいなもので、人には絶対運転させない」では「何を運転するか」は明示されていませんが、英語ではDad's car is just like a lover to him. He never lets anyone else drive it. としなければならないわけです。

なお、英語でも、一部の動詞（give up「諦める」、understand「理解している」、expect「予期している」）では、目的語が省略されることもあります。She is expecting.は「彼女は妊娠している」という意味です。

●「目的語」ってどういう意味？

「目的語」は英語ではobjectと言います。ですから表記される時には、その頭文字をとってOとされるわけです。objectは、「あちら側にあるもの」「客体」「対象」などの意味です。I ate eel.「僕はウナギを食べた」では、eelは動詞ateの「対象」ですね。ですから「対象語」という訳語のほうがいいような気がしますが、慣例的に「目的語」と呼ばれるわけです。I love you.の「あなた」は「愛情の対象」ですよね。

Part 01　冠詞・名詞・動詞・代名詞

●「他動詞」と「自動詞」って何？

　意味を伝える上で「目的語」が不可欠な動詞を、他人の世話になる動詞ということで「他動詞」、意味を伝える上で「目的語」を必要としない動詞を、自分で意味が完結するということで「自動詞」と呼ぶわけです。たとえばsolveは「〜を解決する」という意味の他動詞で、goは「行く」という意味の自動詞です。他動詞の場合には「〜を」などの助詞を補って覚えるべきです。

　eat「食べる」「〜を食べる」のように、自動詞としても他動詞としても使える動詞も多く存在することも忘れないでください。

設問の解説

正解：(A)
wantは「〜を望んでいる」という他動詞なので、目的語が必要ですから副詞の(B)(C)は消えます。not 〜 any longerはno longerと同じで「もはや〜ない」の意味です。otherは可算名詞ですから、必ずanotherかothersかthe other(s) の形にします。以上から (A) anotherが正解です。
[訳] いちど通信販売でひどい目に遭ったので、もうゴメンだ。

Dragon English 007 動詞

> 破線部に入れるのに適切なものを1つ選べ。
>
> The Olympic Games were a huge success because so many countries -------.
>
> (A) participated
> (B) played in
> (C) represented
> (D) took part in

● take part in は「参加する」と覚えていいの？

　I looked at him.のhimは、「前置詞の目的語」と呼ばれています。まるで動詞の目的語のような扱いですね。この英文を訳せば「私は彼を見た」ですから、atは「を」に対応します。「私は、を見た」とは言えませんから、英語でもhimを省略してI looked at.と言うことはできません。ということはtake part in 〜は「〜の中で部分をとる」→「〜に参加する」という意

味ですから、「参加する」と覚えるのはおかしいとわかりますね。つまりtake part「参加する」+in～「～に」です。

● 前置詞の目的語は省略できるの？

　Come in.は「入って来いよ」の意味ですが、この場合にはinの目的語はありません。これはCome into the room.からthe roomが省かれ、intoがinに変わったものだと考えます。drop in at＋建物「～に立ち寄る」は、drop in＋建物＋at＋建物から、最初の「建物」が省略された形と考えればいいですね。このような場合inは前置詞ではなく副詞の扱いとなります。

　take part in ～のinは、前置詞です。副詞と考えることはできません。「私はtake part inのinは副詞と考える！」なんて主張しても、誰も賛同してくれません。潔くtake part inのinは前置詞だと暗記してください。

　一般に、inやupなどを含む英熟語を覚える場合には、そのinやupが前置詞か副詞かを区別してください。副詞の場合にはtake in ～と覚えるのではなくてtake ～ in「～を取り込む」と覚えておくといいですね。

● pick up him は×なの？

pick 〜 up「〜を拾い上げる」のように他動詞＋副詞からなる熟語で、「〜」に代名詞が置かれる場合には注意が必要です。pick him upのような語順しか許されず、pick up himという語順は不可となります。他にもcarry it out「それを実行に移す」は、carry out itは不可。bring him up「彼を育てる」は、bring up himとは普通言いません。英語では一般に新しい情報「新情報」を文末に置く傾向があり、代名詞という「旧情報」（既に話題に上っている情報）を文末に置きたくないという心理が働いているからです。

設問の解説

正解：(A)
破線部には自動詞か、その類が入ります。よって (C) represented〜「〜を代表した」、(B) played in 〜「〜の中で遊んだ」、(D) took part in 〜「〜に参加した」はすべて入りません。よって (A) participated「参加した」となります。なお、participateは、part-「部分」＋ -cipate「(＝take) 〜をとる」からtake partと同じ意味だとわかります。
[訳] オリンピックはあれほど多くの国が参加したので大成功だった。

Dragon English 008 動詞

> 破線部に入れるのに適切なものを1つ選べ。
>
> The CEO is a bit taller than average, his hair is white, and he ------- glasses.
>
> (A) is putting on
> (B) is wearing
> (C) puts on
> (D) wears

●「状態動詞」って何？

　日本語の「知っている」「走っている」では形の面での区別はつきませんが、英語ではそれぞれknowとbe runningという別の形になります。knowは「知っている（状態）」を表す動詞で「状態動詞」と呼ばれています。一方、runは「走る（動作）」を表す動詞で「動作動詞」と呼ばれています。ですからrunという動詞で、「走っている」という「状態」を表すためには、進行形にしなければなりません。

33

● I want to know her. では know は「知る」という意味じゃないの？

　一般に、日本語は「動作」に重きを置き、英語は「状態」に重きを置きます。たとえば、「彼女を知りたい」という日本語は、「知らない状態から知っている状態に成り変わる瞬間」に重点があります。ところが、英語のI want to know her.は、「彼女を知る」という一瞬のことが「欲しい」と思っているのではなく、「彼女を知っている状態」が「欲しい」と思っているわけです。ただ、これを日本語に訳す場合には「彼女を知りたい」というように、動作に重きを置く訳をしたほうが自然な感じがしますね。

　このことは、他の状態動詞、notice ～「～に気がついている」、understand ～「～を理解している」などにも当てはまります。noticeを「～に気がつく」と暗記するのは間違いですが、意訳するとそのような訳も可能なわけです。

●「状態動詞」は進行形にできないの？

　全くできないものと、「一時的な状態」を示す場合

Part 01　冠詞・名詞・動詞・代名詞

には進行形にできるものがあります。belong toやunderstandやknowは絶対進行形にできませんが、think「考える」、live「住んでいる」、wear～「～を身につけている」などは進行形にする場合があります。その場合は「一時的に～している」という気持ちを表します。

【例】Gordon was living alone on a desert island for more than a month, but fortunately he was rescued.
「ゴードンは1ヵ月以上もの間無人島に1人で住んでいたが、幸運にも救出された」

設問の解説

正解：(D)
put～onは「～を身につける」という動作動詞、wear～は「～を身につけている」という状態動詞。発言の内容から社長の普段の状態を示していることがわかり、(D)を選ぶことになります。なお(B)は一時的な状態で不可。(A)は「(眼鏡)をかけつつある」、(C)は「(眼鏡)を習慣的に毎日かける」という一瞬の動作で不可。なおCEOとはchief executive officer「最高経営責任者」のことです。
[訳] 社長は背は高めで、髪は白く、眼鏡をかけている。

Dragon English 009 動詞

> 破線部に入れるのに適切なものを1つ選べ。
>
> You seem very ------ today. Is there something you are worried about?
>
> (A) quiet
> (B) quietly
> (C) cheerful
> (D) cheerfully

●「補語」って何?

「補語」は、英語ではcomplement「補うもの」というので、Cと表記されます。「補語」には2つあります。

【例1】 Elizabeth is a college student.
「エリザベスは大学生です」
※a college studentが主格補語

【例2】 We called her Liz.
「私たちは彼女のことをリズと呼んだ」
※Lizが目的格補語

36

ひとつは「主格補語」といって主語の意味を補うもの（[例1]a college studentはElizabethの説明）、もうひとつは「目的格補語」といって目的語の意味を補うもの（[例2]Lizはherの説明）です。補語は、なければ文が成立しないか（[例1] *Elizabeth is.)、文意が変わってしまうか（[例2] We called her.「私たちは彼女に電話した」）のどちらかです。

●「補語」に用いる品詞は何？

名詞か形容詞だけです。

【例3】 Miki looked angry [×angrily] with me.
　　　「ミキは私に対して怒っているように見えた」

【例4】 Miki looked angrily [×angry] at me.
　　　「ミキは怒って私を見た」

[例3]のangry「怒っている」は形容詞で補語ですが、[例4]のangrily「怒って」は副詞で補語ではありません。なお、lookはlook at ～「～を見る」、look ～「～に見える」というように、補語をとるかとらないかで意味が変わってしまう動詞です。

●「補語」をとる動詞って?

be動詞が基本ですが、それ以外には次の3種類があります。

1.「状態を表すもの」

remain「〜のままである」、seem「〜に思える」

2.「変化・結果を表すもの」

become / get「〜になる」、turn out to be 〜「〜と判明する」

3.「五感を表すもの」

taste 〜「〜の味がする」、smell 〜「〜の匂いがする」

設問の解説

正解:(A)

seemは、補語をとる動詞ですから、後ろには副詞は不可です。よって、まず(B)と(D)が消えます。後半の文の内容から、(C)「陽気な」も消えます。以上から(A)「物静かだ」が正解となります。

[訳] 今日はずいぶんと口数が少ないようだけど、何か心配事でもあるの?

010 動詞

破線部に入れるのに適切なものを1つ選べ。

The Nile ------- Egyptians with an abundant harvest of rice and other crops.

- (A) gives
- (B) offers
- (C) promises
- (D) provides

● SVOO「第4文型」について教えて

SVOOをとる動詞は大きく分けて2種類あります。

ひとつ目のグループは、代表的な動詞がgiveで、「誰かに何かを与える」という意味を持ちます。send「送る」、buy「買う」、promise「(与える)約束をする」などがここに入ります。

もうひとつは、giveの反対で「人から〜を取り去る

／与えない」というグループです。〈S deny＋人＋～〉「Sは人に～を与えない」が代表的動詞です。

両者とも〈SV＋人＋～〉という形をとり、「～」に重点があります。ですから「～〈直接目的語 (Direct Object)〉」は省略不可ですが、「人〈間接目的語 (Indirect Object)〉」の省略は可です。

● I gave him a pen. を I gave a pen to him. と書き換えはできるの？

理論上は可能ですが、I gave a pen to him.は不自然な英語になる可能性があります。英語では、一般的に「文末強調」で、言いたいことを文末に置く傾向があります。I gave him a pen.の場合には、a penは聞き手にとって新しい情報「新情報」ですから強調に値する単語です。ところが、I gave a pen to him.のhimは代名詞ですから「旧情報」です。よって対比のための強調以外に、文末に置く理由がありません。同様に、I gave it to Dick.は自然な文ですが、代名詞（＝旧情報）を文末に置いたI gave Dick it.は不自然な文です。

Part 01 冠詞・名詞・動詞・代名詞

●「与える」関連の動詞はすべて第４文型？

違います。ＳＶＯＯをとる動詞の多くは、比較的昔から使われているもので、不規則変化動詞がほとんどです。よって規則変化する動詞でＳＶＯＯになるものは少数派です。ＳＶＯＯをとらない代表的な語がprovide A with B「必要とする人（A）に必要なもの（B）を与える」、supply A with B「長期間provideする」、equip A with B「AにBを備え付ける」です。いずれもＳＶ＋A with Bで、「AがBを持っている」という関係になっています。なお、規則変化動詞のexplain「〜を説明する」やsuggest「〜を示唆する」も、ＳＶＯＯをとりません。

【例】I will explain to you what happened.
「何が起きたかをあなたに説明します」

設問の解説

正解：(D)
破線部の後ろにwithがありますからＳＶＯＯをとる動詞は不可です。そこから(A)(B)(C)は消えます。(D)が正解です。
provide＋人＋with 〜「人に〜を供給する」という意味です。
[訳] ナイル川はエジプト人に豊富な米やその他の作物をもたらしている。

011 動詞

破線部に入れるのに適切なものを1つ選べ。

"What did Roger say?"
"He asked me ------ him, and I agreed."

(A) marrying
(B) marrying with
(C) to marry
(D) to marry to

● deny系のSVOOをとる動詞って？

denyは「〜を否定する」という意味が基本ですが、deny（人）〜で「（人に）〜を与えない」となります。これはgiveの正反対の意味ですね。受動態にすると人＋be denied 〜となります。

【例1】 Women were denied the vote in Japan until after World War Ⅱ.
「日本では女性は第二次世界大戦後まで参政権が認められなかった」

Part 01　冠詞・名詞・動詞・代名詞

● take や cost もここに属すの？

takeは「時間・労力などを必要とする／取り去る」、costは「お金・命などをかけさせる／取り去る」の意味で、denyと同じタイプのＳＶＯＯに属する動詞です。

S take（人）〜の「〜」には、時間や努力などがきます。

【例2】Learning a foreign language will take a lot of patience.

「外国語の習得にはかなりの忍耐が必要となる」

形式上の主語 it を用いることもあります。

【例3】After moving here, it took me two months or so to find my way about.

「ここに越してきてから、地理がよくわかるようになるまでに2ヵ月ほどかかった」

costは、S cost（人）〜「（人に）〜の費用がかかる」で使います。過去形・過去分詞形もcostです。

【例4】We have decided to sell our Rolls-Royce. It costs too much to run.

「私たちはロールスロイスを手放すことにした。維持するのに金がかかりすぎるんだ」

saveは、S save（人）〜「（人から）〜を省く」。

【例5】 If I buy a second-hand computer, it will save me hundreds of dollars.

「中古のコンピュータを買えば、何百ドルかの節約になる」

設問の解説

正解：(C)

askは、〈ask＋人＋to(V)〉で「人に〜することをお願いする」という意味なので、まず(A)(B)が消えます。marryは、封建時代の頃〈marry＋女＋to＋男〉で「女を男にくれてやる」というgiveと同じような意味でした。それが、受動態になり〈人＋be married to＋人〉に変化し、さらに〈人＋marry＋人〉も使われるようになりました。答えは(C)です。

[訳]「ロジャーは何て言ったの？」
「結婚してくれって言ったから、いいわよと言ったの」

012 動詞

破線部に入れるのに適切なものを1つ選べ。

I was talked ------ buying a big car by my sister.

- (A) about
- (B) away from
- (C) out of
- (D) to

●「言う」関連の単語って？

まずは、よく使う形を覚えてしまいましょう。

1. speakは、「(何かを)話す」が中心的な意味
2. talkは、「(誰かと)話す」が中心的な意味

どちらも原則的に自動詞ですが、speak in English「英語で話す」の場合にはinが脱落してspeak Englishも可です。またtalkは、〈talk＋人＋into ～〉「人を説得して～させる」、〈talk＋人＋out of ～〉「人を説得して～を止めさせる」が例外的な表現となります。ま

たごく稀ですがtalk shop「自分の専門領域の話しかしない」などの熟語を作ることもあります。

3．say ～は、「何を話すか」が中心的な意味
4．tell ～は、「誰に話すか」が中心的な意味

sayは、Tom said to me, "I'm feeling good."などのように具体的に何を発言したのかを述べる場合に使います。tellは、Tell me about your family.のように「誰に（話すのか）」を必ず伴います。

● tell a lie「うそをつく」は tell の例外なの？

そうです。tellは〈tell＋人＋about ～ / to (V) / that S V〉の形で用いるのが基本です。「人」を省略することはできません。ただし、a lie「うそ」、the truth「真実」、a story「物語」などの「話」を目的語にとる場合には「人」を省略することができます。また、can tell ～「～がわかる」の場合も「人」を省略することができます。

【例1】Kathy and her sister are so alike that I cannot tell one from the other.
「キャシーと妹はそっくりだからどちらがどちらかわか

● S be said to(V)も例外なの？

その通りです。〈It is said that S V.〉「(諺など) S V と世間で言われている」は、例外ではありませんが、これを変形した〈S be said to (V)〉「世間でS V と言われている」は例外的な表現です。

【例2】 **The movie is said to be really boring.**
「その映画は本当に退屈らしいよ」

設問の解説

正解：(C)
もし S talked about me. の受動態ならば、I was talked about. で後ろには何も置かれないはずです。よって、このtalkは例外的な他動詞の用法だとわかります。talk＋人＋out of ～「人を説得して～を止めさせる」の受動態であることがわかればOKです。答えは(C)です。
[訳] 姉に大きな車を買わないように説き伏せられた。

013 動詞

> 破線部に入れるのに適切なものを1つ選べ。
>
> A good teacher allows students ------- some things for themselves.
>
> (A) discover
> (B) discovered
> (C) to discover
> (D) discovering

● SVOCって何?

【例1】 We called our teacher Jack.

「私たちは先生のことをジャックと呼んだ」

この文は、「私たちの先生」=「ジャック」ですからOur teacher was Jack.の関係が隠れていますね。このようにOC関係にbe動詞を補って考えるとO=Cとなる文を、SVOCと言います。

Part 01 冠詞・名詞・動詞・代名詞

● I want you to go there.「君にそこへ行ってもらいたい」もＳＶＯＣ？

そうです。ＯＣ関係にbe動詞を補って考えるとYou are to go there.となります。to不定詞は未来を示唆するため、この文は「あなたがこれからそこに行くことになる」という意味です。よって、I want you to go there.は「あなたがそこへ行くことを私は望む」というのが直訳となります。

このタイプの動詞は、ほとんどが「これからＯがＣするのを〜する」という意味を持ちます。代表的なものを挙げておきます。

1．願望 want / would like　2．許可 allow / permit ※permitは、組織などが「許可を与える」といった公的な許可です。　3．強制 force / compel / oblige ※forceは「嫌がる〜に無理やりやらせる」という強い語。compelは「〜を強制する」という意味の普通の語。obligeは、「（義務・必要上やむを得ず）〜させる」の意味。　4．促進 enable / encourage / urge / prompt　5．要求 order / require / advise

上のグループの中にはhopeは入りません。動詞の

hopeはhope for 〜あるいはhope to（V）あるいはhope that S Vの形でしか使いません。

● ＳＶＯＣをとる他の動詞はあるの？

consider O (to be) C「OをCだと考える」の類の動詞です。

【例2】Judith is considered (to be) a good doctor.
「ジュディスは名医だと思われている」

want O to (V)は、「OにVして欲しいと思う」ですが、consider / think / believe / know O (to be) Cは、そのような積極的な願望を伝えるのではなく、ただ「OはCだと思う／知っている」という意味です。consider以外のthink / believe / knowは、S V O Cよりも、S V that S'V'とするほうが普通です。たとえば、I think him (to be) honest.とすることは可能ですが、I think (that) he is honest.とするほうが自然です。

設問の解説

正解：（C）
allowは、allow O to (V) となります。よって(C)が正解となります。
[訳] 優れた教師は生徒が自分で何かを発見するようにするものだ。

014 動詞

> 破線部に入れるのに適切なものを1つ選べ。
>
> **Could you tell me what ------ you decide to be a movie director?**
>
> (A) made
> (B) enabled
> (C) prompted
> (D) urged

●「原形不定詞」って何?

たとえば、beという動詞は、is / am / are / was / were / beenと6種類に変化します。この元になる形のbeのことを原形不定詞と言います。「不定」とは、様々な形になることを予感させる言い方だとわかればOKです。toのついた不定詞を「to不定詞」と呼びますが、toのつかない不定詞を原形不定詞と呼ぶわけです。省略して「動詞の原形」と言うこともありますが、厳密には正しい言い方ではありません。

51

● どうして〈make O ＋原形不定詞〉？

既に学習した通り、一般に「人にこれから（V'）するようにVする」という場合には、〈V＋人＋to（V'）〉の形をとります。

【例】A college education will enable you to get a broader view of the world.
「大学教育でより広い世界観が得られるだろう」

ところが、makeは、〈make＋人＋to（V）〉の形はとりません。toを用いずに〈make＋人＋V〉「人にVさせる」とします。実は、随分昔には、〈make＋人＋to（V）〉の形をとったのですが、この形がよく使われるためか、toが脱落しました。今ではtoをつけると間違いです。このあたりが、語学が数学などと違うところです。つまり「使われている形が文法」となり、時代とともに「正しい形」が変化するわけです。

● make 以外に、to をつけないものはあるの？

2つあります。〈let O V〉「OがVするのを許す」、〈have O V〉「（合意の上で）OにVしてもらう」で

す。また、〈help O to (V)〉「OがVするのを助ける」は、今ではtoが脱落傾向にあり、toがあってもなくても正しいと見なされています。

最近の若者言葉では「気持ち悪い」を、「キモイ」とか「キモ」と省略します。「メールアドレスの交換」を「メアド交換」「アド交換」と省略しますが、「よく使う言い回しは省略される」は万国共通です。

● "Let it be." ってどういう意味？

ビートルズの曲に同名のものがありますね。直訳すると「状況が今ある状態であることを許せ」となります。なんとなく「もういいよ」「なすがままに」という感じですね。

設問の解説

正解：(A)
ＳＶＯ＋原形不定詞の形になっていることに注目してください。(B) (C) (D)は、ＳＶＯ to(V)の形をとります。よって(A)が正解です。

[訳] どうして映画監督になろうと思われたのかをお教えいただけませんか？

015 動詞

破線部に入れるのに適切なものを1つ選べ。

"I like this photograph. Your children look really cute."
"Thanks. I had ------- at a studio."

(A) taken it
(B) it taken
(C) it takes
(D) it to take

●「私はカバンを盗まれた」をIを主語にすることはできないの？

stealはSVOOの形をとらないので*I was stolen my bag.とは言えません。だから「私」を主語にして被害の気持ちを表す場合には、〈I have O＋過去分詞形〉の形をとります。Oと過去分詞形の間には受動態の関係が隠れています。たとえばMy bag was stolen.をI hadの後ろに組み込めば、I had my bag stolen.

54

という形になります。直訳すると「私のカバンが盗まれたという状態を私は持っていた」という感じです。類例を出しておきます。

【例1】I had my mistakes pointed out [×I was pointed out my mistakes].
「私は間違いを指摘された」

なお発音する場合には過去分詞形の部分を強く発音します。

● I had my TV repaired. は、どういう意味？

〈I have O＋過去分詞形〉は「(プロなどに) Oをしてもらう」という意味でも使えます。「髪を切ってもらった」「裾を直してもらった」「作文を添削してもらった」などの場合です。これは、仕事を依頼している相手が、業者、専門家の場合に使われるのが普通です。〈I have O＋過去分詞形〉は、「被害」を表すより、こちらのほうがよく使われます。

なお、I had my TV repaired.ではMy TV was repaired.の受動態の関係が隠れていることに気をつけてください。

なお、この場合はhave [had / has] が強く発音されます。

● I had the job finished. は「人にやってもらった」となるの？

〈I have O done / finished〉の場合には、「人にやってもらう」や「人にやられる」ではなくて、「自分でやってしまう」という完了を表す場合があります。仕事に関わる会話でよく使われる表現です。

【例2】**Have your job finished by noon.**
「昼までには仕事を片付けてください」

設問の解説

正解：(B)
at a studioとありますから「その写真はプロに撮ってもらった」という意味になることが予想できます。よって〈I have O＋過去分詞形〉の形となる(B)を選びます。
[訳]「この写真はいいね。子どもたちが本当にかわいい」
　　「ありがとう。スタジオで撮ってもらったんだ」

016 動詞

破線部に入れるのに適切なものを1つ選べ。

"Isn't Tahira here today?"
"He went to Narita Airport to ------- an American customer."

(A) set off
(B) see off
(C) send away
(D) watch out

● make him happy は、〈make O＋原形不定詞〉でないのはなぜ？

ＳＶＯＣのＣ（補語）に置かれたbe / go / get / become / comeは省略されるのが普通です。たとえばThe news made him happy.「その知らせは彼を幸せにした」は、The news made him be [become] happy.からbeやbecomeが省かれた形です。例外はletで、補語に置かれたbeは省略されません。

57

● let in some air も同じ？

その通りです。let in some air「空気を入れる」というのは、let some air <u>come</u> in「空気が入ってくるのを許す」という文からcomeが省略された形です。またＳＶＯＣは、ＳＶＣＯの形になることがあるので、some airのほうを強調するために、some airとinが入れ替わってlet in some airという語順になりました。

ビートルズの名曲"Hey Jude"の中に"So let it out and let it in."「だから、それをぶちまけて、それを受け入れろ」というのがありますが、これもlet it go out and let it come inの省略形ですね。

● let alone ～って何？

let alone ～は、熟語的な表現で、否定文に続けて「まして～（ない）」という意味で使います。

【例】I cannot afford a bicycle, let alone a car.
「私には自転車を買う余裕がない。まして車なんて無理」

これは、let a car go alone「車に１人で行ってし

まうことを許す」→「車なんて論外だ」からgoが省かれて、aloneが前にきた形です。

● ask her out「彼女をデートに誘う」も同じ？

その通りです。I asked her out.というのはI asked her to go out for a date with me.の省略形だと考えればいいと思います。似た形にhelp 〜 out「〜を助ける」があります。これも、元はhelp 〜 get out (of difficulty)「〜が困難から抜け出すのを手伝う」という形ですね。

設問の解説

正解：(B)
(A) set off「出発する」、(B) see 〜 off「〜を見送る」、(C) send 〜 away「〜を送る」、(D) watch out「注意する」の中で適切なものは(B)です。(B)は、see 〜 go off「〜が出発するのを見る」からgoが省略された形です。
[訳]「今日は田平君はいないの？」
　　「アメリカからのお客様を成田空港まで見送りに行きました」

017 代名詞

破線部に入れるのに適切なものを1つ選べ。

I have been living ------ since I entered university, and I have had to learn to cook.

(A) by oneself
(B) for myself
(C) on my own
(D) with only one

●「再帰代名詞」って何？

myself / yourself / himself / herself / itself / ourselves / yourselves / themselvesの総称です。一般化してoneselfと表記することもあります。meself とか usselvesではないのが面白いですね。またthemselvesは、最近では英米でもthemselfs と書く人も増えてきています（真似はしないでくださいね）。

●「再帰代名詞」っていつ使うの？

使い方は2通りです。

1. 目的語に代名詞を置き、それが主語と同じものを表す場合

【例1】 I found myself [×me] singing to the piano.
　　「気がつけばピアノに合わせて歌っていた」

命令文の場合には、主語にyouを補って考えます。

【例2】 Please make yourself [×you] at home.
　　「どうぞおくつろぎください」

他動詞を自動詞化することもあります。

【例3】 You will soon adjust (yourself) to the new job.
　　「すぐにその新しい仕事に慣れるよ」

adjust oneself toは、直訳すると「自らを〜に合わせる」ですから、意訳して「〜に慣れる」となります。この他動詞＋oneselfのタイプの熟語は、しばしばoneselfが省略されることがあります。他にもYou are to blame ~~yourself~~.「君は自分に責任を負わすべきだ」→「君の責任だ」などがあります。

２．主語と同格の関係を作り、「強調」のために使われる場合

【例4】 Did you have this toilet repaired or repair it yourself?
「このトイレ修理してもらったの？ それとも自分で修理したの？」

この例ではyouとyourselfが同格の関係にあり、「自分で」ということを強調しています。

設問の解説

正解：(C)
for oneselfは、ロングマン現代英英辞典にも掲載がないことからわかるように、熟語としては存在しない表現です。もちろん「自分のために」という意味では使います。特にthink / decide for oneselfは大切です。日本語にする場合には「自分で」と訳すことも可能です。本問では意味が合わないので(B)は不可。(D)「1つだけで」は意味不明で×。(A)は、文の主語が"I"であることからby myselfとするなら正解の可能性はあります。なお、by oneselfは「周りに他に誰もいない」ということを言う時に使う慣用句です。多くの場合、all aloneで言い換えることができます。以上から(C)が正解です。on one's ownで「自力で」の意味です。

[訳] 私は大学に入学以来自力で生活をしている。だから自炊を覚えなければならなくなった。

018 代名詞

破線部に入れるのに適切なものを1つ選べ。

Can you tell the difference between rice grown in Japan and ------- ?

(A) American one
(B) American rice
(C) one of America
(D) rice of America

● 代名詞の one はどう使うの？

oneは代名詞として暗記するよりも、「1」だと思っておけば十分です。そのほうがよほどスッキリします。

【例1】I have lost my cell phone. I have to buy <u>one</u>.
　　　　「私は携帯をなくした。1つ買わないと」

上の文章はI have to buy one cell phone [a cell phone].と同じ意味ですね。つまりoneはa＋名詞と置き換えができるわけです。「a＋名詞を指す」ので

63

はなくて、「a+名詞と置き換えが可能」と理解しておくことが大切です。

もう1つ例を挙げておきます。

【例2】If you like this pie so much, why don't you make <u>one</u> yourself?
「このパイがそんなに好きなら、自分で1つ作ってみたら?」

● 代名詞の one は、不可算名詞に対しても使えるの?

oneは「1」が基本的な意味ですから、不可算名詞を指すことはありません。不可算名詞は、oneを用いないで繰り返します。

【例3】I prefer red wine to white (wine).
「私は白ワインより赤ワインのほうが好きだ」

● 代名詞の one に a がついたりすることはあるの?

あります。形容詞がつくと、冠詞aをつけたり複数形にしたりすることがあります。

【例4】Susie has got some yellow socks, but I have

got blue <u>ones</u>.

「スージーは黄色の靴下を買ったが、私は青にした」

● 主語の位置にある one は どういう意味？

普通、「一般論」の主語はyouで表しますが、硬い文ではoneを用いることもあります。

【例5】<u>One</u> is usually blind to <u>one's</u> own faults.

「人は普通自らの欠点に気がつかない」

設問の解説

正解：(B)

riceは不可算名詞です。問題文中でも無冠詞単数形で使われていますね。ですから、riceをoneで受けることはできません。(D)はtheをつけてthe rice of Americaとすれば文法的には可ですが、「アメリカという米」という意味にとられてしまうかもしれません。いずれにしても不可で、答えは(B)となります。

[訳] 日本で栽培された米とアメリカ米の違いがわかりますか？

019 代名詞

破線部に入れるのに適切なものを1つ選べ。

------- our company employees have started to use public transportation because of the increasing price of gasoline.

(A) Almost
(B) Almost all of
(C) Most
(D) Most of the

● almost は「ほとんど」と暗記してはダメなの？

英語を日本語に置き換えて暗記する場合には、その品詞に注意することが必要です。英語の品詞には、動詞、助動詞、名詞、代名詞、形容詞、副詞、接続詞、前置詞、冠詞、間投詞の10品詞があります。これを十分に意識して、単語を覚える時には品詞と共に覚えて

Part 01　冠詞・名詞・動詞・代名詞

ください。

　たとえば「ほとんど（の）」という日本語を考えてみましょう。これは文脈によって品詞は様々です。「この答えのほとんどが合っている」は名詞、「ほとんどの答えが合っている」は形容詞、「私はほとんど終えた」は副詞。これらを英語に変換する場合には、品詞を確認する必要があります。まず名詞の「ほとんど」は、mostで、most of 〜 の形で使います。most of these applesなら「これらのリンゴのほとんど」です。副詞の「ほとんど」はalmostで、形容詞、副詞、動詞の前につけて使います。I almost finished 〜なら「私はほとんど〜を終えた」となります。

　ただし、most of carsなどの使い方はしません。その場合には形容詞のmostを用いてmost cars「ほとんどの車」とします。most of 〜は、most 〜では表現できないmost of us / most of the carsなどに用います。

【例1】In Japan most [×almost ／ ×most of] people go on to senior high school after finishing junior high school.
「日本では、中学を終えたのち高校に進学する人がほとんどだ」

この区別は、some ～とsome of ～、many ～とmany of ～、a few ～とa few of ～などにも当てはまります。

【例2】 Some ［×Some of］ people believe in UFOs.
「UFOの存在を信じている人もいる」

● almost three weeks と about three weeks は同じ？

違います。almostは、「ある基準に少し足りない」という意味ですから、almost three weeksと言えば「3週間に少し足りない」という意味の「およそ3週間」になります。これはnearlyにも当てはまります。ところがabout three weeksは、「3週間の周辺」ですから、3週間より長くても短くても使えるのです。

Part 01 冠詞・名詞・動詞・代名詞

設問の解説

正解：(B)

our company employees「私たちの会社の従業員」は名詞ですから(A) almostという副詞で修飾することはできません。most of our company ～は可ですが、(C)most our ～とは言いません。(D)はtheが不要。theとourを並べて使うことはできません。以上から(B)が正解です。なお、このallは「二重品詞」です［参照→315ページ］。

[訳] うちの会社の従業員はほぼ全員、ガソリンが高くなったので公共交通機関を使いだした。

69

020 代名詞

破線部に入れるのに適切なものを1つ選べ。

I have not read ------ of his novels, but judging from the one I have read, I think he is a very promising writer.

(A) any
(B) both
(C) either
(D) none

●「2」と「3以上」は区別が必要？

日本語でも「2」の場合には「どちらも」「どちらか」「どちらも〜ない」という言い方をし、「3以上」の場合には、「すべての」「いずれかの」「どれも〜ない」という言い方をしますね。英語でも使い分けがあります。

「2」の場合		「3以上」の場合	
どちらも	both	すべて	all
両方ではない	not both	すべてではない	not all
どちらか	either	いずれか	any
どちらもない	not either	いずれもない	not any
	neither		none

●「部分否定」と「全面否定」って何？

　bothやallの前にnotを置くと、「どちらも、すべて」を打ち消すことで「両方ではない、すべてではない」という意味になります。これは一部分だけを否定している形のために「部分否定」と呼ばれています。bothやallの後にnotを置くことは原則的に間違いです。「原則的に」と言ったのは、All angles of any triangle are not more than 180°.「任意の三角形のすべての角は180°を超えない」Both of them are not bad. [× Not both of them are bad.]「両者とも悪いわけではない」などの表現があるからです。

　一方、「どちらか、いずれか」を打ち消すことで「どちらも～ない、いずれも～ない」という意味にな

ります。これはすべてを否定していることになるので「全面否定」と呼ばれています。

【例1】We have only 2,000 yen, so we cannot see both movies.

「2000円しか残ってないから、両方の映画は見られないよ」（部分否定）

【例2】I have lived in Cairo and Baghdad, but I do not like either city very much.

「カイロもバグダッドも住んだことはあるけど、どちらもそれほど好きじゃない」（全面否定）

設問の解説

正解：(B)

後半に「私が読んだ1冊から判断すると」とあることから、私は1冊は読んだことがわかります。よって全面否定になってしまう(A) anyと(C) eitherは消えます。また、noneはそれ自体が否定語ですから、そもそもnotと共に使うことはありません。以上から(B)が正解。

[訳] 彼の小説は両方とも読んだわけではないが、私が読んだ1冊から判断すると、彼はとても有望な作家だ。

Dragon English 021 代名詞

> 破線部に入れるのに適切なものを1つ選べ。
>
> ------ of the three girls participated in the international exchange program.
>
> (A) Every
> (B) Any
> (C) Both
> (D) Each

● some ～ は「いくつかの～」でいいの?

ダメです。someは、「存在はするがはっきりしない」の意味ですから、文脈によって2～3ぐらいの数から200億～300億ぐらいの大きい数まで表します。ですから、Some people are starving in Africa.「アフリカに飢えている人がいる」というのを「何人かの人が」と訳すのは間違いです。some 1,000 peopleなら「およそ1000人」が適訳です。またsome kind of languageなら「何らかの言語」と訳すのが適切です。

● any はどういう意味？

anyは「存在しないかもしれないが、もしあれば何でも」の意味です。仮定を表すことがポイントです。よって、主に否定文や疑問文で出てくることが多いのですが、肯定文でも使われます。

【例1】 Any student who wants to apply for this has to fill out this form.
「これに申し込みたい学生（が、もしいるならば、）誰もがこの書式に記入しなければならない」

【例2】 Would you like some ［△any］ more pie?
「もっとパイが欲しいですか？」

［例2］でanyを用いると「要らないとは思うけど」という感じになり、人にものを勧めるには不適切になります。

また、ever＝at any timeですからHave you ever been to the U.K.? というのは「行ったことがないかもしれませんが、もしあれば、いつかイギリスに行ったことがありますか？」が直訳です。

Part 01 冠詞・名詞・動詞・代名詞

● every と each はどう違うの？

everyは「どの〜もすべて」の意味で全体をカタマリとして捉えていますが、eachは「ひとつひとつ」に重点があります。「面接会場には生徒がひとりひとり呼ばれた」などという場合には、eachしか使えません。

【例3】 The principal presented a graduation certificate to each student.

「校長自ら卒業証書を（ひとりひとり）全員に渡した」

どちらも〈every / each＋単数の名詞〉の形で用います。なお、eachには名詞の用法もあります。

設問の解説

正解：(D)

(A)Everyは形容詞だからofの前には置けません。さらにthreeとありますから(C) Bothも消去できます。anyは「(仮定を示して) ないかもしれないが、もしあれば何でも」の意味です。この文は過去形で書かれていて現実を示しますから(B) Anyは使えません。以上から(D)が正解。

[訳] その３人の女の子の各々が国際交換留学プログラムに参加した。

022 代名詞

破線部に入れるのに適切なものを1つ選べ。

My income is very low, so I cannot afford -------.

(A) to buy my car
(B) a car of my own
(C) buying my car
(D) this my car

●「友達」は my friend でいいの？

a friendやa friend of mineは「(不特定の) 友人」を指し、my friendは「(特定の) 友人」を指します。my friendはthe friendと同じと考えてください。

【例1】 I met Sally at <u>a friend's</u> wedding.
　　　　「<u>友達</u>の結婚式でサリーに会った」

この例でat <u>my friend's</u> weddingとすると、聞き手に特定可能な「友達」ということになり、私には友達が1人しかいないような印象さえ与えかねません。た

76

だし、Ms. Smith is a friend of mine / my friend / one of my friends.の場合は、すべて同じ意味だと考えてもOKです。

次の例はmy friendの典型的な使い方です。

【例2】 Yesterday, Jane came to see us. My daughter, Mary, liked her, so they spent a long time playing computer games. When <u>my friend</u> said that she had to go back, Mary began to cry.

「昨日ジェーンが遊びに来た。私の娘のメアリは彼女が好きで、2人でゲームを長時間していた。ジェーンが帰らなければならないと言った時、メアリは泣き出した」

my friendの部分をsheとすると、指すものが曖昧になってしまうので、my friendを使うことで、それがJaneであることを明示しています。

複数形のmy friendsは「（一般的な）私の友達」でも使えます。

●「マイカー」は my car ?

日本語では「マイカーが欲しいな」という言い方が

できますが、英語ではI want my car.というと「(既に所有している) 私の車が欲しい」という意味になってしまいます。ですから「マイカーが欲しい」は、I want a car.あるいはI want a car of my own.とします。名詞＋of one's ownで「自分専用の〜」の意味です。ただしbuy my ticket「自分の切符を買う」、buy my newspaper「新聞を買う」などの一部の表現はOKです。

●「私のこの車」は my this car ?

「冠詞、(代) 名詞の所有格、指示代名詞、その他 (some / any / no) は、その2つを並置できない」という原則があります。ですから「私のこの車」はthis car of mineとしか言えません。

設問の解説

正解：(B)
cannot afford 〜 は、名詞やto不定詞を目的語にとり「〜する余裕がない」という意味です。よって(C)は消去できます。また(D)は選択肢自体が間違っています。(A)は「私が所有している車を買う」となり×。以上から(B)が正解となります。
[訳] 給料が安いので、車を買う余裕がない。

023 代名詞

> 破線部に入れるのに適切なものを1つ選べ。
>
> The idea that knowledge is only something to be gained at school is nonsense, especially in a world as complicated and rapidly changing as ------.
>
> (A) its
> (B) ours
> (C) them
> (D) these

●「所有代名詞(mine / his / yours など)」の用法って？

大きく分けると2つの用法があります。

1. 前の名詞を指して〈one's＋名詞〉の代用

【例1】Smith's house is opposite ours (= our house).

「スミスの家は私たちの家の向かい側にある」

この場合our ownと置き換えても意味は同じです。

2. 後ろの名詞を指す〈one's＋名詞〉の代用（硬い英語）

【例2】 Ours（＝Our age）is an age where everything seems to be easily available.
「私たちの時代は何でも容易に手に入るように思える時代だ」

これ以外には、手紙文の末尾の「敬具」Sincerely yours（主に米語）、Yours sincerely（主に英語）などです。

●「父の写真」はa picture of my father？

「父（が被写体になっている）の写真」は、a picture of my fatherとなります。「父の（所有する）写真」なら、a picture of my father'sとなります。これは、a picture of my father's picturesの省略形と考えればいいでしょう。a friend of mine「私の友達のうちの1人」と同じ考え方ですね。

Part 01 　冠詞・名詞・動詞・代名詞

●「私の家」は own house ではダメ？

　ダメです。ownは、必ず所有格を伴ってone's own あるいは、one's own 〜の形で使います。サッカー用語の「オウンゴール (own goal)」は例外です。

　また、one's ownとすると対比の気分を表せます。

【例3】 **Some young people are not very interested in their own culture.**
　　　「自国の文化にあまり興味を示さない若者もいる」

　上の文では、their own cultureとすることで、「よその国の文化には興味を持っているくせに、自国の文化には興味がない」ということを暗示しています。

設問の解説

正解：(B)
as以下がa worldを修飾する後置修飾語句であることがポイントです。A as 〜 as B構文の場合は、AとBとは同類のものがきます [参照→305ページ]。本文では「私たちの世界のように〜な世界」という意味なので、破線部には「私たちの世界」という意味の語を入れます。よって、our worldを言い換えた(B) oursが正解だとわかります。

[訳] 知識は学校でしか得られないものだという考えは馬鹿げている。特に現在のように複雑で変化の激しい世界では。

81

Dragon English 024 代名詞

> 破線部に入れるのに適切なものを1つ選べ。
>
> The results of Experiment A are more reliable than ------- of Experiment B.
>
> (A) ones
> (B) that
> (C) these
> (D) those

● that や those には特殊な働きがあるの?

まず基本の確認です。thisは「(近くにある単数のものを指して)これ」、theseは「(近くにある複数のものを指して)これら」です。一方、thatは「(遠くにある単数のものを指して)あれ」、thoseは「(遠くにある複数のものを指して)あれら」です。

【例1】 Those who know love can love others.
「愛を知っている者は他人を愛することができる」

82

という文のthoseは、直訳すると「あれら」です。聞いている（または読んでいる）人は「あれらって何？」と思います。そこでwho〜でその「あれら」を説明するわけです。つまり、those who...とは、「心情的に遠いあれら」＋説明文という構造なのです。ですから、「〜な人々」という訳語を当てることが一般的です。

【例2】**Those books that have made a lasting contribution to humans are called great books.**
「人類に永続的な貢献をしてきた書物は名著と呼ばれる」

この文のthose booksは、やはり「あのような本」とまず言うことで、聞いている（読んでいる）人に「何？」と思わせて、後で説明するわけです。よって、このthoseは訳しません。

日本語でも、あることが思いつかない時に「あれ、あれ、何だったっけ？」とか言いますね。「あれ」＝「よくわからないもの」というのは万国共通かもしれません。

● 反復を避ける that って？

英語では反復を嫌います。

【例3】［△］ The population of Tokyo is larger than <u>the population</u> of Osaka.

「東京の人口は大阪の人口より多い」

英米人はこのように同じ単語が連続して出てくる文を見ると「イラッ」とくるようです。このような場合は、the population を that に置き換えて、The population of Tokyo is larger than that of Osaka. とするわけです。もし複数形の名詞の言い換えならば those を使うことになります。

設問の解説

正解：(D)

文脈から破線部には the results が入ることがわかります。ただし、そのような選択肢はありませんから、それを1語で置き換えるとなると(D)が正解だとわかります。この those を these と置き換えることはできません。また(A)は the ones とすれば、不自然ですが文法的には可です。

[訳] 実験Aの結果は実験Bの結果よりも信頼性が高い。

前置詞の集中講義　1

問：破線部に適切な前置詞を入れてください。

1. I am halfway ------- my assignment.
   「宿題が半分しか終わっていない」
2. Is it possible for you to postpone today's meeting ------- next Wednesday?
   「今日の会議を次の水曜日まで延期できますか？」
3. Children depend on their parents ------- food, clothing, and shelter.
   「子どもは衣食住を両親に依存している」
4. What should we get him ------- a gift?
   「彼への贈り物は何がいいかな？」
5. Don't worry. I'll be ready ------- two minutes.
   「心配しなくていいよ。2分で準備できるから」

[解答と解説]
1．through：throughは、「〜を通って」が原義ですが、そこから「〜を終えている、経験している」という意味に発展します。
2．until：untilは「〜までずっと」と暗記しましょう。by「〜までには」と区別することが大切です。
3．for：forは「〜に向かって」という方向性から「〜を求めて」という意味でも使われます。look for 〜「〜を探す」のforも同じです。
4．as：asは「だいたい等しい」が原義ですが、前置詞の場合には「〜として」と暗記しておくとよいでしょう。
5．in：inは「〜の中に」が原義ですが、in＋時間で「(時間が) 〜経てば」という意味で使います。

85

PART **2**

語順・受動態・動名詞・to不定詞・分詞

「受動態」って
いつ使うの?

Dragon English 025 語順

破線部に入れるのに適切なものを1つ選べ。

What do you think ------ to John when he finds his bicycle has been stolen?

- (A) happened
- (B) to happen
- (C) will happen
- (D) would have happened

● 疑問詞と do you think の位置は？

do you thinkを用いた疑問文は、それを疑問詞の直後に挿入します。

【例1】 When <u>do you think</u> we should leave?
「いつ出発しなければならないと思う?」

上の文をDo you thinkではじめると、答えはYesかNoになってしまいます。

「いつ出発すべきだと思いますか？」と尋ねて、答えが「はい」か「いいえ」では会話が成立しませんね。

88

だから挿入するのです。

この際、do you thinkの後の文は疑問文にはしないことに注意してください。

● do you think は、常に挿入と考えていいの？

例外的なのが、What do you think of ～?「～についてどう思いますか？」です。thinkは自動詞が原則で、think of [about] ～で「～について考える」ですから、What do you think of ?で「何を思う？」となり、これにof ～「～に関して」が付加されて*What do you think of of ～?からofが1つ脱落した形です。How do you think of ～?としてしまうと「～をどのような手段で思いつくの？」という意味になってしまいます。

● do you know も挿入するの？

Do you know how old she is?「彼女がいくつか知っていますか？」に対する答えはYes.かNo.ですが、これは問題ありません。よって、do you knowは挿入せずに文頭に置かれます。

● 疑問文で他に注意することはあるの？

「疑問文でも文中に入ると普通の語順になる」ことに注意してください。

【例2】 I do not know why Bob said that.
　　　　「なぜボブがそんなことを言ったのかは知らない」

上の英文を、*I do not know why did Bob say that. という形にするのは間違いとされます。ただし、現在の英語では使われつつあるようです。

設問の解説

正解：(C)

まず、do you thinkが挿入であることに気がつかねばなりません。すると、What ------ to John when...? と同じ文だとわかりますね。よって、破線部には動詞が入らなければなりませんから、(B)は消えます。さらに、when以下の記述「〜に気がついた時に」から、未来のことについて話していることがわかります。以上から(C)が正解となります。

[訳] ジョンが自分の自転車が盗まれたと知ったら、どうなると思う？

026 語順

> 破線部に入れるのに適切なものを1つ選べ。
>
> Look at the sign. It says, "At no time ------ unlocked." I wonder what is inside.
>
> (A) this door must be left
> (B) this door must leave
> (C) must this door be left
> (D) must this door leave

● Never have I seen... という変な語順は何なの？

　英語では〈否定的副詞（句／節）＋疑問文の形式の倒置〉となることがあります。まず否定的副詞（句／節）が強調のため文頭に置かれ、しかも「言いやすさ」のため、後ろを必ず疑問文の形式の倒置にするわけです。

【例1】 <u>Never</u> have I seen such a beautiful lake.
　　　「こんな美しい湖を私は見たことがありません」

91

この文の普通の語順はI have never seen such a beautiful lake.ですが、neverが文頭に出たために、後ろが疑問文の形式の倒置になりました。

● このような倒置形は現在完了形の場合だけ？

違います。過去形でも現在形でも倒置になることがあります。

【例2】 <u>Little</u> did I dream of meeting you here.
「ここで君に会うとは夢にも思っていなかったよ」

この文の普通の語順はI little dreamed of meeting you here.です。littleが文頭に出たため、後ろが疑問文の形式の倒置になりました。このdidは「語調を整えるための助動詞」で、特に訳す必要はありません。

また、次のような否定的な副詞句が文頭に置かれたために倒置になることもあります。

【例3】 <u>Under no circumstances</u> can I accept your offer.
「どんな条件下でも君の申し出を受け入れることはできない」

この文の普通の語順はI can accept your offer under no circumstances.です。under no

Part 02　語順・受動態・動名詞・to不定詞・分詞

circumstancesという否定的な副詞句が文頭に置かれたため、後ろが疑問文の形式の倒置になりました。

　only＋副詞（句／節）も「否定的な副詞（句／節）」に入ります。よって、こうした語句が文頭に出ると、後ろは疑問文の形式になります。また、多くの場合、「～してようやく／～して初めて」という訳語を当てるとしっくりいきます。

【例4】 <u>Only after I met him</u> did I realize that I was really lazy.
「彼に会って初めて、私は自分が本当に怠惰だと思った」

設問の解説

正解：（C）

at no timeはneverと同じ意味です。これはever＝at any timeから考えればわかりますね［参照→74ページ］。at no timeは否定的な副詞句ですから、後ろは疑問文の形式になります。また、leave ～ unlockedで「～を施錠していない状態に放置する」という意味ですからthis doorが主語の場合、受動態にしてThis door must be left unlocked at no time.となります。文頭にat no timeを置くと、At no time must this door be left unlocked.となり、（C）が正解です。

[訳] 掲示を見てよ。「このドアを必ず施錠しておかねばならない」と書いてある。いったい中には何があるのだろう？

Dragon English 027 語順

> 破線部に入れるのに適切なものを1つ選べ。
>
> "Will you go shopping this afternoon?"
> "No, and -------."
>
> (A) neither Mary will
> (B) neither will Mary
> (C) nor Mary will
> (D) so will Mary

● 「～も」って too でいいの？

「～も」は、肯定文の時にはtooで、否定文の時にはeitherです。どちらも前にコンマを打つのが正式ですが、打たないこともあります。

【例1】I love cats and my wife does(,) too.
「私は猫が好きだし、家内も好きです」

【例2】I did not have any money and Mike did not(,) either.
「私にはお金がなかったし、マイクにもなかった」

肯定文ではalsoを用いることもあります。また肯定文でも否定文でも、より口語的なas wellで置き換えることは可能です。

【例3】Why don't you come along as well?
「君も来たらいいのに」

●「私もです」って Me, too. でいいの？

OKです。本当は否定文に対してはMe, neither.というのが正式なのですが、実際の口語ではMe, too.も使われています。

「Sもです」という他の表現に〈So 〜 S.〉あるいは〈Neither 〜 S．〉があります。肯定文に対しては〈So 〜 S.〉、否定文に対しては〈Neither 〜 S．〉を用います。

neitherはnot＋eitherからできた単語で、notを含んでいるので〈Neither 〜 S.〉にはnotは必要ありません。〜は、do / does / didか、助動詞か、be動詞のいずれかです。また、読む場合には「新情報」のSを強く発音します。下の例では"I"を強く読みます。

例を挙げておきます。

[肯定文の場合]

1. I like dogs. → So do I.
2. I can ski. → So can I.
3. I am a student. → So am I.

[否定文の場合]

1. I do not like dogs. → Neither do I.
2. I cannot ski. → Neither can I.
3. I am not a student. → Neither am I.

設問の解説

正解：(B)

Noの後ろを補うとNo, I won't go shopping this afternoonとなります。「メアリも行かない」と言うためにはNeither will Mary.の語順になります。よって(B)が正解です。なお選択肢(C)にあるnorは、文語体で使われますが、neither同様、後ろは疑問文の形式になります。

[例] I do not expect you to be obedient, nor do I expect to be disobeyed.
「君が従順になるとは思わないが、君が従わないのも嫌だな」

[訳]「今日の午後買い物に行くの？」
「行かないよ。メアリも行かないよ」

028 受動態

破線部に入れるのに適切なものを1つ選べ。

"Why are you shopping for a bicycle? Didn't you buy one just last month?"
"Yes, but unfortunately ------ last week."

(A) I was stolen it
(B) it was robbed
(C) it was stolen
(D) someone was robbed

● 「受動態」っていつ使うの？

受動態「～された」〈be＋過去分詞形〉は、「誰がやったか」が不明あるいは、はっきりさせたくない文で用いるのが一般的です。もし「誰がやったか」が明らかな場合には、受動態ではなくて能動態を用います。たとえば、「うちの夫は周りの人に太ったねと言われる」という日本語を英語にする場合に、My husband is told by people around him that he has

97

gained weight.と書くとやや不自然な感じがします。能動態を用いてPeople around my husband tell him that he has gained weight.とするほうが適切です。

● **Bill punched him. と He was punched by Bill. は同じ？**

一般に、「書き換える」と意味が変わります。受動態でby 〜をつけるのは稀ですが、by 〜に大切な新しい情報がくる場合は例外です。英語では「旧情報から新情報への流れ」という原則があります。一番言いたい情報を文末に置くわけです。上記の英文の前にTom is crying.という文があると仮定します。すると次の文で、突然、「新情報」のBillを主語にするのは不自然です。そのような場合にはHe was punched by Bill.「彼はなぐられたんだよ。ビルにね」とします。

● **「私の人生を変えられた」は I was changed my life. ではダメ？**

ダメです。日本語では「私は〜された」という形は被害を表す受動態ですね。たとえば「私はカバンを盗まれた」、「私は上司にバカ呼ばわりされた」などで

Part 02　語順・受動態・動名詞・to不定詞・分詞

す。英語では、〈I was＋過去分詞形＋名詞〉という形をとる動詞は限られています。代表的なものが、〈S V＋人＋モノ〉「人にモノを与える／送る／買う」の受動態です。stealとかchangeなどは〈S V＋人＋モノ〉の形にはなりませんから不可です。

【例】I was given a sweater for my birthday.
　　　「私は誕生日にセーターをもらった」

どうしてもIを主語にしたい場合にはI had my life changed.という〈S have O＋過去分詞形〉[参照→54ページ]を用います。

設問の解説

正解：(C)
stealはＳＶＯＯの形をとらないので、(A)の形の受動態は不可能です。またrob 〜 は「〜を襲う」という意味ですから、(B)「それが（強盗に）襲われた」、(D)「誰かが（強盗に）襲われた」では意味が通りません。よって(C)が正解です。
[訳]「どうして自転車を買いに行くの？　先月買わなかった？」
　　　「そうなんだ。残念なことに先週盗まれたんだ」

029 受動態

> 破線部に入れるのに適切なものを1つ選べ。
>
> The word "*mottainai*" is used by Japanese people when they feel that something -------.
>
> (A) wastes
> (B) has wasted
> (C) is being wasted
> (D) is wasting

● 受動態の進行形ってあるの？

まず、be動詞の進行形は〈be being〉の形にします。swimの進行形はbe swimmingですが、同様にbeの進行形はbe beingとなりますね。

【例1】You are being modest today.

「今日の君は、(いつもと違って)謙遜しているのね」

受動態は〈be＋過去分詞形〉ですから、この中心となるbeを進行形にすると〈be being＋過去分詞形〉

となります。The school was built.を進行形にするとThe school was being built.となります。[例1]では、進行形にすることによって、「いつもと違って今日は」の感じが出ます。

●「パラレルの進行形」って何？

「もし〜すれば…することになる」という場合には、主節を進行形にします。これは、「条件節の内容」＝「主節の内容」であることを示します。これは、主節と条件節の内容が「意味的に並行している＝パラレル」という意味による命名です。

【例2】If you are overweight, you are not exercising.
「太っているなら、運動していないことになる」

●〈will be (V)ing〉って何？

新幹線の車内放送のWe will soon be making a brief stop at Nagoya.「まもなく名古屋に止まります」はパラレルの進行形と同形です。つまり「(このまま行くと)〜することになる」という確定した未来を表します。willを伴わない〈be (V)ing〉という確

定未来より口語的な表現です。

【例3】 Do not worry. You will be laughing about it next month.

「心配するな。来月には笑っている(ことになる)よ」

● 「非難の進行形」って何?

進行形にalways「いつも」やcontinually「継続的に」といった副詞を伴った場合には、話者(著者)の非難の気持ちを表すことがあります。

【例4】 You are always complaining. Think positively.

「いつも文句ばっかり言っているね。前向きになりなよ」

設問の解説

正解:(C)
「あるもの」が主語で、wasteは「〜を浪費する」という意味ですから、「あるものが浪費されつつある」という受動態にするのが適切です。
[訳]「もったいない」という言葉は、何かが浪費され(ようとし)ていると感じられる時に日本人が使う言葉である。

030 受動態

破線部に入れるのに適切なものを1つ選べ。

The thief was caught ------ a television from the hotel.

- (A) stealing
- (B) to steal
- (C) stolen
- (D) stole

● SVOCの受動態は？

SVOCの受動態は、「SVOの受動態の後にC」をつけます。We pushed the door open.「私たちはその戸を押し開けた」なら、まずThe door was pushed.となり、その後に形容詞のopen「開いている」をつけて、The door was pushed open.とすればよいわけです（受動態のby 〜 は省略）。

このことは、I want you to come here.の類のSVOCにも適用されます。その場合には「C（補語）の

103

部分は変化しない」と覚えておいてください。

【例1】 They allowed her <u>to stay there</u>.
　　→　She was allowed <u>to stay there</u>.
　　「彼女はそこにいることを許された」

【例2】 I saw her <u>singing</u>.
　　→　She was seen <u>singing</u>.
　　「彼女は歌っているところを見られた」

【例3】 I heard a strange language <u>spoken</u>.
　　→　A strange language was heard <u>spoken</u>.
　　「奇妙な言語が話されているのが聞こえた」

補語に当たる部分が変化しないことが何よりも大切です。

● 例外はないの？

あります。代表例が〈S make O V〉で、受動態は〈O be made to (V)〉となります。これは、元々〈S make O to (V)〉だったのが、よく使われるためにtoが脱落してmake O Vとなったためです。受動態はそれほど使われなかったためか、元の形を保っているわけです。

【例4】 I made him <u>go out</u>.

Part 02　語順・受動態・動名詞・to不定詞・分詞

→ **He was made to go out.**
「彼は外出させられた」

他の例は〈S see / hear O V〉で、受動態は〈O be seen / heard to (V)〉となります。これは、原因ははっきりしませんが、おそらくmakeの受動態に影響を受けたものと思われます。

【例5】I saw her cry.

→ **She was seen to cry.**
「彼女は泣いているところを見られた」

[例2]と[例5]の形の違いに注意してください。

設問の解説

正解：(A)
seeやhearなら〈S see / hear O V〉あるいは〈S see / hear O (V)ing〉のどちらもOKですが、catchの場合には〈S catch O (V)ing〉の形しかとりません。よって、その受動態は〈O be caught (V)ing〉となり、答えは(A) stealingです。
[訳] その泥棒はホテルからテレビを盗んでいるところを捕まった。

105

031 動名詞

破線部に入れるのに適切なものを1つ選べ。

"What's your favorite sport?"
"------."

(A) Playing ski
(B) Ski
(C) Skiing
(D) To ski

● 「(サッカーなどの)パスは得意だ」は、
I am good at pass. でいいの?

　ダメです。正しくはI am good at passing.となります。tennisやgolfやsoccerなどの名詞の場合には、そのままの形で使えますが、passやdribbleやserveなどの動詞の場合には、動名詞に変形しなければならないわけです。

　これはスポーツ以外でも当てはまります。たとえば、study「勉強する」、snore「いびきをかく」、tip

「チップを与える」はそれぞれが動詞で、studyingは「勉強すること」、snoringは「いびきをかくこと」、tippingは「チップを与えること」という意味の名詞です。

【例1】 Turn off that TV and start studying !
「そのテレビを消して勉強に取りかかりなさい!」

【例2】 Tipping is considered obligatory in the U.S.
「アメリカではチップは義務的だと見なされている」

●「医者は大変だ」は A doctor is tough. でいいの？

「医者は大変だ」というのは「職業としての医者であることは大変だ」という意味であって、「医者という人間は大変だ」という意味ではありませんね。ですからBeing a doctor is tough.が正解です。

ここで気をつけてほしいのは、being a doctorは、「-ingがbeについている」と考えるのではなくて、「be a doctor全体を名詞にするために、-ingがbeのうしろにつけられている」と考えることです。-ingが「まとめ役」の働きをしているわけですね。

類例を挙げておきます。

【例3】Being rich is different from being happy.
「金持ちであることと幸せであることは異なる」

● Flying kites is fun. はどういう意味？

もしflyingが形容詞としてkitesを修飾し「飛んでいる凧」という意味なら複数扱いとなります。よってisでは不可です。この文のflying kitesはfly kites「凧を揚げる」を-ingで名詞化したものです。動名詞は単数扱いですからisでOKです。

上記の英文は「凧を揚げるのは楽しい」という意味です。

設問の解説

正解：(C)
まず、playは球技に使う動詞ですから(A)は消えます。さらに(B)は命令文で不可。「好きなスポーツは？」という疑問に対する答えですから、普段やっていることを示す動名詞の(C)Skiingを選びます。未来を示唆する(D)To skiは不可です。
[訳]「好きなスポーツは何ですか」
　　「スキーです」

032 動名詞

> 破線部に入れるのに適切なものを1つ選べ。
>
> "I'd better call our neighbor to ask her to check the door of our apartment."
> "You don't have to do that. I remember ------- it when we left."
>
> (A) lock
> (B) locking
> (C) to be locked
> (D) to lock

●「米国留学を断念する」は give up studying in the U.S. でいいの？

give up (V)ingは、「やってきたことを(途中で)断念する」という意味です。よって、既に米国に留学していてそれを途中で諦めるならI gave up studying in the U.S.ですが、「これから米国に留学するのを断念する」場合は不可です。その場合にはI gave up the idea of studying in the U.S.です。

give upと同様に、目的語に動名詞をとるfinish (V)ing「(やってきたこと) を終える」、stop (V)ing「(やってきたこと) をやめる」は、どちらも「中断」の意味です。

● remember は、to (V) それとも (V)ing ？

動詞の中には、目的語としてto (V) と(V)ingのどちらもとれるものがあります。それらを大別すると2つのグループになります。

1つ目は、begin / start / like / continueのように、to不定詞でも動名詞でも意味に変わりがほとんどないものです。

2つ目は、remember / forget / try / regretで、目的語がto不定詞か動名詞かで意味が変わるものです。rememberは、「昔したこと」なら動名詞、「これからすべきこと」ならto不定詞です。forgetは、forget to (V)「これからVすることを忘れてしまう」の形で使うのが原則です。forget (V)ingになることは少なく、ほとんどの場合will never forget (V)ing「Vしたことを決して忘れない」の形です。tryは、多くの場合try to (V)「Vを試す」で、try (V)ingは、実際

に行われたことが文脈上明示された場合にしか使えません。

【例】I tried cooking Italian food, and it was better than expected.

「イタリア料理に挑戦したけど、思ったより美味しかった」

regretは、regret to say that S V/ regret to inform you that S V「(謝罪の気持ちを示して)残念ながらSVと言わなければなりません」という特殊な慣用句以外はregret (V)ing「Vしたことを後悔している」という形で覚えるべきです。

設問の解説

正解：(B)

lock the doorで「ドアに鍵をかける」という意味です。よって(C)のような形にはなりません。またrememberの後に原形不定詞を持ってくることはできませんから(A)は不可です。(B)は「過去に鍵をかけたことを覚えている」、(D)は「これから鍵をかけなければならないことを覚えている」ですが、文脈から(B)が適切です。

[訳]「アパートの鍵を締めたかどうかを確認してもらうために、近所の人に電話したほうがいいね」
「その必要はないよ。出てくる時に忘れずに鍵をかけたから」

Dragon English 033 動名詞

破線部に入れるのに適切なものを1つ選べ。

This symphony is a real masterpiece. I think it is worth ------- over and over again.

(A) be listened to
(B) listening to
(C) to be listened to
(D) to listen to

● the considering of the fact って形、何かおかしくない？

　おかしくありません。いわゆる「動名詞」には2種類あります。ひとつは、動詞的性質を残した動名詞で、仮に「動詞的動名詞」と呼ぶことにします。普通、動名詞といえばこれを指します。もうひとつは、完全に名詞化した動名詞で、こちらは「名詞的動名詞」と呼ぶことにします。以下の1が動詞的動名詞、

112

2が名詞的動名詞、3が名詞です。2は3と同じぐらいformalな言い方ですが、意味は1と同じです。昔は1の形が存在せず、2の形しかありませんでした。

1. considering the fact
「その事実を考慮すること」
2. the considering of the fact　※下記を参照
3. the consideration of the fact
「その事実の考慮」

※2の訳は、正確には1と3の中間になりますが、対応する日本語がないため、1か3で訳すことになります。

● 名詞的動名詞を用いた熟語ってあるの？

次のneedを用いた文を見てください。

4. Your piano needs to be tuned.
5. *Your piano needs being tuned.
6. Your piano needs tuning.

needは、目的語に名詞かto不定詞しかとりません。よって、上記の5のような形は容認されません。ところが、上記の6はいわゆる動名詞（動詞的動名詞）ではなく、名詞化した動名詞（名詞的動名詞）です。つ

まり「調律すること」ではなく「調律」という意味の名詞です。ですからneedの後ろに置くことができるし、また受動態にする必要もないわけです。

このような名詞的動名詞を用いるものにはworthがあります。worthの後には、他動詞（自動詞＋前置詞）の-ingの形が置かれます。

【例1】 Kyoto is worth visiting [○going to / ×going].
「京都は訪れる価値がある」

他にもof one's own (V)ingがありますが、やや古い表現です。

【例2】 This is a present of my own choosing [of my own choice].
「これは私が選んだプレゼントだ」

設問の解説

正解：(B)
worthの後ろに動詞を置く時には、他動詞あるいは自動詞＋前置詞を (V)ing の形にします。よって(B)が正解となります。

[訳] この交響曲は本当に傑作だね。何度も何度も聴く価値があると思う。

034 動名詞

破線部に入れるのに適切なものを1つ選べ。

I do not think we can come up with a solution to the problem, however long we spend ------- it.

- (A) discussing
- (B) talking
- (C) to discuss
- (D) to talk

● 〈spend＋時間＋(V)ing〉って、どうして(V)ing？

　to不定詞は未来志向の表現で、(V)ingは現在、過去に根ざす表現であることは学習しました。〈spend＋時間＋(V)ing〉「Vに時間を使う」は「今、Vしていて、それに時間を費やす」という意味です。よって、動名詞と相性がいいわけです。元は〈spend＋時間＋<u>in</u> (V)ing〉だったのですが、inが省略されたわ

けです。

　似たものに〈be busy (V)ing〉「Vするのに忙しい」、〈have difficulty (V)ing〉「Vするのに苦労している」、〈be used to (V)ing〉「Vするのに慣れている」などがあります。

【例1】I am having difficulty trying to decide what to give Steve for his birthday.
「スティーブの誕生日に何をあげればいいか困っているんだ」

「禁止・予防」などのネガティブな意味を持つ単語で動名詞を目的語にとるものもあります。avoid (V)ing「Vを避ける」、escape (V)ing「Vを免れる」、put off (V)ing「Vを延期する」、mind (V)ing「Vを気にする」などです。prevent / prohibit O from (V)ing「OがVするのを妨げる／禁止する」なども、ネガティブな意味を持ちます。

● look forward to (V)ing は「未来のこと」だけど動名詞なの？

　まるで事柄が目の前で進行しているかのように、情景を生き生きと表すイメージだからかもしれません

が、そのような屁理屈をこねるよりも例外と考えるのが無難です。他にもimagine (V)ing「Vを想像する」、consider (V)ing「Vを考える」、fancy (V)ing「Vを空想する」などがあります。

● to＋(V)ing となるパターンを教えて

前置詞のto＋(V)ingになる熟語の例を挙げておきます。object to (V)ing「Vに反発する」、when it comes to (V)ing「(話題が) Vということになれば」、What do you say to (V)ing?「(相手を誘って) Vするのはどうですか」、devote oneself to (V)ing「Vに献身する」。

【例2】I strongly object to being awakened in the middle of the night for no reason.
「何の理由もなしに真夜中に起こされるのは非常に迷惑だ」

設問の解説

正解：(A)

spendは、〈spend＋時間＋(V)ing〉の形ですから、まず(C)(D)が消えます。また、discuss ～ は「～を議論する」という他動詞なのに対して、talkは「話す」という自動詞ですから、破線部の後ろのitに注目すれば(A)が正解だとわかります。

[訳] その問題の解決策は、どんなに時間をかけて話し合っても、私たちに思い浮かびそうにありません。

035 動名詞

破線部に入れるのに適切なものを1つ選べ。

"How do you like this park?"
"It's wonderful! I never dreamed of ------ such a quiet place in this noisy city."

(A) being
(B) having been
(C) there being
(D) there to be

● 「意味上の主語」って何？

I like singing.は「私は（私が）歌うのが好きです」という意味ですね。singingの主語が「私」なのは自明です。ところがI like your singing.「君が歌うのが好きです」では、yourを省略することはできません。この場合のyourのことを「動名詞の意味上の主語」と呼びます。文の主語ではなくて、動名詞の意味の上での主語だからそう呼ばれるわけです。

119

動名詞の意味上の主語は、「人」の場合には所有格か目的格にするのが原則で、「モノ」の場合には目的格を用います。

【例1】 Would you mind my sitting next to you?
「私があなたの隣に座ってもいいですか」

my sitting next to youはI sit next to youを動名詞を用いて変形したものです。このmyが「動名詞の意味上の主語」となっています。目的格のmeを用いてもOKです。

【例2】 People complain about prices being high.
「人々は物価が高いと文句を言っている」

prices being highはprices are highを動名詞の形にしたものです。このpricesが「動名詞の意味上の主語」になっています。pricesは「モノ」ですから所有格にしてprices' being highとすることはまずありません。pricesをそのままの形でbeing highの前に置いたprices being highの形にすればいいわけです。

● 前置詞の後には文を置けないの？

前置詞は、「名詞の前に置くもの」です。ですから、前置詞の後にＳＶ...という形の文を置くことは許

Part 02 語順・受動態・動名詞・to不定詞・分詞

されません。たとえば*People complain about prices are high.という形は絶対にありません。また前置詞の後にはto（V）を置くことも許されません。前置詞の後に動詞を置く場合には動名詞の形をとらなければなりません。

【例3】 Kelly insisted on my coming with her.
　　　　「ケリーは私も一緒に来るべきだと言い張った」

設問の解説

正解：(C)

dream ofの後ろは動名詞を置きます。よって(D)は消えます。(A)(B)のように動名詞の意味上の主語がない場合には、動名詞の主語は主文の主語と一致します。ということは(A)や(B)にするとI am such a quiet place.という関係になり意味不明な文となり、(C)が正解だとわかります。There is ～「～が存在する」の、thereは主語ではありませんが、動名詞やto不定詞や分詞構文の意味上の主語になることがあります。

[訳]「この公園どう？」
　　「素晴らしい。この騒がしい都会に、こんな静かな場所があるなんて考えてもみなかった」

036 動名詞

破線部に入れるのに適切なものを1つ選べ。

Joe is addicted to ------- watching, so he often travels to observe rare species.

- (A) **a bird**
- (B) **bird**
- (C) **birds**
- (D) **birdy**

●「競馬」ってなぜ horse race ではなくて horse racing なの？

　一般に、他動詞の(V)ing＋名詞は、名詞＋(V)ingと書くことがあります。日本語でも「英文を解釈すること」を「英文解釈」といいますね。ですからracing horses「馬を競走させること」の目的語が前に置かれてhorse racingと変化したわけです。同じようにhunting a job「仕事を見つけ出す」を変形するとjob hunting「就活（＝就職活動）」になり、hunting a husband / a wifeを変形するとhusband / wife hunting「婚活（＝結婚のための活動）」となります。類例を挙げておきます。

1. seeing the sights「観光すること」
   →sightseeing　「観光」
2. making a decision「決定すること」
   →decision making「意志決定」
3. learning a language「言語を習得すること」
   →language learning「言語習得」

前に置かれた名詞は無冠詞の単数形にします。PKO（＝peace-keeping operations)「平和維持活動」も同類です。

● a goal keeper「ゴールキーパー」も似た感じなの？

　その通りです。動詞の名詞形が -er「人、〜するもの」になることもあります。a goal keeperはkeep a goalからできました。他にもpolish an appleからan apple polisher「リンゴを磨く人→ごますり」、extinguish a fireからa fire extinguisher「消火器」、kill painからa pain killer「鎮痛剤」などがあります。

また、名詞＋動詞の名詞形となることもあります。たとえばcarbon dioxide emission「二酸化炭素の排出」、tax evasion「脱税」などです。

● a swimming pool の swimming は？

a sleeping trainは、「寝ている列車」ではなく、a train for sleepingと同じ意味で「寝台列車」と訳します。このsleepingは文法的には動名詞の扱いです。a shooting star「流れ星」の場合には、a star is shootingの関係が成立しますが、「寝台列車」の場合にはa train is sleepingの関係が成立しません。

類例は多数ありますが、たとえば a launching platform「ロケットの発射台」、a playing field「運動場」、a retiring age「定年」、a swimming pool「プール」などがあります。

設問の解説

正解：(B)
watch birds「鳥を観る」を変形するとbird watchingとなります。bird「鳥」は普通は可算名詞ですが、bird watchingの場合は、単数形にします。
[訳] ジョーはバードウォッチングに熱中していて、珍しい種類の鳥を観察しによく出かけている。

037 to不定詞

破線部に入れるのに適切なものを1つ選べ。

"I heard you were invited to the President's party."
"Yes. I was surprised at how easy the President was ――――."

- (A) for talking
- (B) talking to
- (C) to talk
- (D) to talk to

● You are easy to solve the problem. は、間違い？

間違いです。easyやdifficultは、It is easy / difficult for you to solve the problem.「君がその問題を解くのは簡単だ／難しい」というように、itを主語にした後で、to（V）を置くことはできます。このitを「形式上のit（仮のit）」と呼びます。ところが、

125

*You are easy to solve the problem.のような言い方はできません。これはimpossible「不可能な」とかnecessary「必要な」などの形容詞にも当てはまります。

●「タフ構文（tough structure）」って？

easyやdifficultにto（V）が伴う場合には、itを主語にします。ところが、次のような場合にはit以外を主語にすることが可能です。

It is easy to solve this problem.

→　This problem is easy to solve（名詞の欠落）.

to不定詞の中の動詞の目的語句を、文の主語の位置に移動させる「繰り上げ」変形です。これは、this problem「この問題」のように、既に述べた情報「旧情報」を主語に置く場合に主に起こる現象です。

ただし、この構文で使うことのできる形容詞には限りがあります。その中の1つがtough「難しい」なので「タフ移動／タフ構文」と呼ばれるようになりました。日本人にはeasyやdifficultのほうが馴染みがあるので、この名前は何となく嫌ですね。

「タフ構文」ではimpossibleはＯＫですがpossibleはダメです。変だと思うかもしれませんが、「気持ち悪

い」は「キモイ」と言いますが、「気持ち良い」は「キモイ」とは言わない、ですよね。あまり使われない場合には、変形はできないわけです。

「タフ構文」で使われる主な形容詞
難　易：easy / difficult
　　　　※他にもhard / tough / dangerous / simple / safe
不可能：impossible　　※possibleは不可
快　適：pleasant
　　　　※他にもcomfortable / convenient

設問の解説

正解：(D)
how easy S Vを、howを外し、easyを元の位置に戻して考えてみるとThe President was easy -------. となっていることがわかります。easyは、「タフ構文」以外は、It is / was easy to(V)の形で用いるのが普通です。この文はthe Presidentが主語になっていますから、「タフ構文」だとわかります。よって、to不定詞の後ろに名詞の欠落のあるものを選びます。talkは自動詞ですから(C)は不可で、結局、(D)が正解となります。

[訳]「社長のパーティに招待されたらしいね」
　　「そうなんだ。社長は意外にも話しやすい人だったよ」

127

Dragon English 038 to不定詞

破線部に入れるのに適切なものを1つ選べ。

"How's your father?"
"He's fine. He's ------- to play tennis every Sunday."

(A) enough active still
(B) enough still active
(C) still active enough
(D) still enough active

● enough の用法について教えて

〈be+形容詞+enough to (V)〉で「Vするほど~」という意味です。この場合にenough+形容詞という語順は認められません。

【例1】 Alex is old enough [×enough old] to get a driver's license.

「アレックスは運転免許を取得できるだけの年齢だ」

名詞とセットの場合にはenough+名詞の語順が一

般的です。

【例2】I do not have enough time［△ time enough］to read.
「本を読む時間が十分にない」

● be able to（V）はなぜ熟語の扱い？

enoughを用いず〈be＋形容詞＋to（V）〉という形で用いる形容詞もあります。be able to（V）はその代表例です。本来ならばbe able enough to（V）の形になるべきなのですが、enoughは不要です。

ここに属する主な形容詞は次のものです。

1．「やる気」を表す
　　［例］be eager to（V）　「Vしたがる」
2．「可能性、傾向」を表す
　　［例］be apt to（V）　「Vする傾向がある」
3．「動作の速度」を表す
　　［例］be quick to（V）　「Vするのが速い」

●〈too 〜 to（V）〉についても教えて

〈too 〜 to（V）〉はtooがポイントです。tooという副詞は「やり過ぎ」を示します。たとえばThis car is very expensive.「この車は非常に高い」なら、この後に「でも買った」と続けることもできますが、This car is too expensive.「この車は高すぎる」なら、後ろには「だから買わない」が続きます。よって、〈too ～ to (V)〉は、「Vにはあまりに～すぎる」が直訳で、「とても～なのでVできない」と訳すのが一般的です。

この構文は、「タフ構文」に似たところがあり、to不定詞の目的語が文の主語と一致する場合は、その目的語を省略します。

【例3】 This problem is too difficult for me to solve [×to solve it].

「この問題はあまりに難しいので僕には解けない」

設問の解説

正解：(C)

enoughとactiveの語順に注目してください。enoughは、形容詞や副詞の後ろに置くのが基本でした。ですから(A)(B)(D)は消えます。よって、(C)が正解です。stillはnotと共に用いる場合にはstill notの語順だけです[参照→208ページ]。

[訳]「お父さんは元気ですか」
　　「元気です。日曜日毎にテニスをするほどまだまだ元気です」

039 to不定詞

破線部に入れるのに適切なものを1つ選べ。

The headline in the newspaper, "NHK ------ end analog TV in 2011" surprised many people.

(A) to
(B) for
(C) on
(D) in

● be to（V）って何？

「個人の力では変えられない大きな流れ」を示す表現です。そちらの方に流れていくようにセットされているので、もう止められない、という感じですね。公式行事などで頻繁に使われます。

【例1】 The prime minister is to visit Canada next month.
「首相は来月カナダを訪問することになっている」

131

当然ながら、「個人の予定」では稀です。もちろん、その予定が「結婚式」などのある意味で公式行事の場合は例外です。

　また、個人の力では止められないという意味で「運命」的な場合にも使います。多くの場合、小説で見られ過去時制で使われます。

【例2】I wondered how he would handle this situation. I was to find out on the occasion of our youngest child's first birthday.

「私は彼がその状況をどのように処理するのかなと思った。私たちの末っ子の1歳の誕生日にそれを知ることになった」

● be to（V）が「可能」って何？

【例3】We thought that not a star was to be seen in the country.

「その国では星が見えないかもと私たちは思った」

　この例は、「可能」の例としてよく出てきますが、その国の悲惨な運命を「星が見えない」というたとえを使って述べた文です。つまり「可能」というより「運命」と考えるべきです。日本語では「星が見えな

かった」と訳せますが、「(純粋な)可能」を表すということではありません。もし「可能」を明確に表したければcanを使えばいいですね。

● if S be to(V) で「目的・意図」?

直訳して「もしSがVの方へ行くしかないならば」で十分ですが、日本語にした場合に「目的」とか「意図」を表すように訳すとうまくいきます。この形を仮定法にしたのがif S were to (V)です [参照→269ページ]。

【例4】 If you are to succeed in that project, you have to raise enough money.
「その企画を成功させるのなら、十分な資金を集める必要がある」

設問の解説

正解：(A)
新聞の見出しでは、しばしばbe動詞が省略されます。よってS be to (V)の場合にはbeが省かれてS to (V)になります。答えは(A)。
[訳] 新聞の「NHKは2011年にアナログ放送を停止する予定」という見出しは多くの人を驚かせた。

040 分詞

> 破線部に入れるのに適切なものを1つ選べ。
>
> **Things long ------- cannot be forgotten.**
>
> (A) enjoyed
> (B) enjoying
> (C) have enjoyed
> (D) to enjoy

●「後置修飾」って何のこと？

 名詞の後に修飾語（あるいは説明語句）が置かれることを言います。フランス語などは、ほとんどが後置修飾です。たとえば「モンブラン（Mont Blanc）」のMontは「山」、Blancは「白い」です。先に「山」がきて、その後に「白い」がきているのがわかりますね。日本語では「白い山／白山」のように、「山」という名詞の前に「白い」という形容詞がつきます。このような修飾形態を「前置修飾」と言います。

 日本人には後置修飾は奇妙かもしれませんが、先に

名詞を言ってから、修飾語句を後に置くほうが、焦点が明確になるのかもしれません。

● 英語は「後置修飾」なの？

英語では、多くの形容詞は「前置修飾」です。たとえば、a beautiful woman「美しい女性」などです。ところが現在分詞、過去分詞、to不定詞などが名詞を修飾する場合には、後置修飾が普通です。また修飾語句がついて形容詞が長くなった場合も、名詞の後に置かれます。

【例1】 The tests <u>given to the students</u> were very difficult.
「その生徒らに与えられたテストは非常に難しかった」

【例2】 The women <u>looking after the patients</u> are all from Korea.
「その患者たちの世話をしている女性は皆、韓国出身だ」

●「叙述用法」って何？

形容詞には2つの用法があります。ひとつは名詞の前に置かれる場合で、これを「限定用法」と言いま

す。もうひとつ、be動詞の後などに置かれ、補語になる場合を「叙述用法」と言います。

それぞれの用法で意味が変わる場合もあります。

【例3】the present situation「現在の状況」

the people (who are) present「出席者」

【例4】a certain teacher「某先生」

It is certain.「それは確かだ」

a certain ～は、話者は確かに知っているが敢えて名前を伏せる感じです。

設問の解説

正解：(A)

enjoy ～ は「～を楽しむ」という意味です。よって「楽しまれているもの」という意味にするためにはThings are enjoyed.の受動態の関係を捉えて、things enjoyedとするのが適切です。things to enjoyは「これから楽しむべきこと」という意味ですから「忘れることはできない」と矛盾します。関係代名詞を用いるならthings that you have long enjoyed となりますが、(C)のような形は不可能です。

[訳] 長い間楽しんだものを忘れることはできない。

041 分詞

> 破線部に入れるのに適切なものを1つ選べ。
>
> Alan, ------ that he had a talent for languages, decided to train as an interpreter.
>
> (A) being realized
> (B) realize
> (C) realizing
> (D) to realize

●「分詞構文」って何？

-ingの用法には3つあります。

1. 動詞（＋目的語など）を名詞に変換する
2. 動詞（＋目的語など）を形容詞に変換する
3. 動詞（＋目的語など）を副詞に変換する

京都の鹿苑寺には金閣寺という別名がありますが、それと同様に、1～3それぞれに別名がついていて、1は動名詞、2は分詞、3は分詞構文と呼ばれていま

す。僕はおかしな命名だと思いますが、文法用語として定着しているので慣れるしかありません。要するに、「分詞構文」とは、「動詞を（目的語や修飾語も含めて）-ingを用いて副詞のカタマリに変換したもの」ということがわかればOKです。

【例1】Working very hard, I became very tired.
「とても頑張ったので、とても疲れた」

上の例では、working very hardが、分詞構文と呼ばれるものです。これ全体が後ろのI became very tired.を修飾していると考えればいいわけです。I worked very hard. I became very tired.とほぼ同じ意味ですね。

● 分詞構文の意味はどう考えるの？

分詞構文は「曖昧な接続」と覚えておいてください。分詞構文は、スペースを省略したい時とか、意味を曖昧なままにしておきたい時に用います。英字新聞や小説ではよく用いられますが、口語では滅多に使われません。［例1］が、「とても頑張ったので、とても疲れた」のか、「とても頑張った時、とても疲れた」のか思い悩む必要はありません。分詞構文はなんとな

Part 02　語順・受動態・動名詞・to不定詞・分詞

く2文をつないでいて、日本語に訳す時には「自然な流れ」になるようにすればいいのです。

また、「時（when / while）」「条件（if / once / unless）」「譲歩（though）」などの接続詞は、意味を明確にするために省略しないこともあります。

【例2】I will explain everything <u>if asked to</u>.
　　　「もし求められれば全てを説明します」

設問の解説

正解：(C)
(B)のような命令文では後続の文とつながりません。また(D)だと「語学の才能があるとわかるために」となり不自然です。to make sure whether he had a talent for languages「語学の才能があるかどうか確認するために」とすれば通じます。また、Alan was realized that...という形は成立しませんから(A)は不可です。結局(C)を選ぶことになります。
[訳] アランは語学の才能があるとわかったので、通訳としての訓練を受けることに決めた。

139

042 分詞

> 破線部に入れるのに適切なものを1つ選べ。
>
> ------ with the previous one, his new novel is a bit boring.
>
> (A) Compare
> (B) Compared
> (C) Comparing
> (D) Having compared

● 過去分詞形で始まる「分詞構文」って何？

まず結論から言うと、「受動態の分詞構文」です。

日本語では、「前作と比べられると」というよりも「前作と比べると」というほうが自然な言い方です。日本語は、主語を省略しても平気な言語ですから、「誰が比べるの？」という質問をする人はいないと思います。同様に、「この家は、ここから見ると、お城みたいに見える」という日本語では、「ここから見る

と」の「見ると」の主語は「私」もしくは「あなた」で、「お城」ではありません。ところが英語では、*Seeing from here, this house looks like a castle. とは言えません。英語では、「分詞構文の主語が省略された場合には、主文の主語と一致する」ことが暗黙のルールです。ですからThis house is seen from here.「この家がここから見られる」という形を考えて、Seen from here, ...とします。

また、Built more than five thousand years ago, the pyramids still remain nearly perfect.「そのピラミッドは、5000年以上前に建てられたが、今でもほぼ完璧な姿をとどめている」を「…に建てられたそのピラミッド」と、built...をthe pyramidsを修飾する形容詞句のように訳すのは間違いです。分詞構文は副詞句です！

● 分詞構文の位置は、文頭だけなの？

分詞構文は、副詞句ですから、when S V、if S V などの副詞節と同じ扱いです。よって、その位置は、次の3種類あります。

1. 文頭　　　　：（V）ing /（V）p.p. ..., S V
2. 主語の直後：S,（V）ing /（V）p.p. ...,V ...
※この場合コンマの省略は不可
3. 文末　　　　：S V,（V）ing /（V）p.p. ...

3の文末に置かれた分詞構文は、英字新聞や評論文などにもよく出てくる形で、前文の補足理由・説明の働きをします。

【例】She said her students caused some kind of trouble almost every day, <u>ranging from wandering about during class to suddenly spraying fire extinguishers everywhere.</u>

「彼女の話によれば、担任をしている生徒たちは、ほとんど毎日のように何らかの問題を引き起こし、**授業中にうろつき回ることから始まって、消火器を突然あたり構わずぶちまけるといった事態にまで至っているとのことだった**」

Part 02　語順・受動態・動名詞・to不定詞・分詞

設問の解説

正解：(B)

主文の主語がhis new novelなので、His new novel is compared with the previous one.「彼の新しい小説が、前作と比べられる」という文を考えます。これを分詞構文にしたものが答えですから(B)が正解とわかります。

[訳] 彼の今度の小説は、前作と比べると、すこし退屈だ。

Dragon English 043 分詞

> 破線部に入れるのに適切なものを1つ選べ。
>
> You can use a large plastic bottle, ------ cut off, as a pot to grow young plants in.
>
> (A) the top is
> (B) the top of which
> (C) whose top
> (D) with its top

●「付帯状況の with」って何？

主語のついた分詞構文（独立分詞構文）にはwithを付加することがあります。このwithを付帯状況のwithと言います。

【例1】 The United States has an immense problem with science and mathematics education, with high school students performing well below average, compared with those in

other developed countries.
「アメリカは、理科や数学の教育に関して非常に大きな問題を抱えている。ハイスクールの学生の学業成績が、先進諸国の学生に比べて、平均よりはるかに下なのである」

この例のwithが付帯状況のwithです。元の文にすると、High school students perform well below average compared with those in other developed countries.となります。

withの基本的な意味が「同時」ですから、このwithを用いることで、with 〜の部分が主文と同時に起きていることを明示しています。

●「ジムは腕を組んでソファーに横たわった」は Jim lay on the sofa, <u>folding his arms</u>. ではダメ？

ダメです。それでは「ジムは彼の腕を組む動作をしつつソファーで横たわった」という不気味な文か「ジムはソファーに横たわり、そして腕を組んだ」という意味の文になってしまいます。よって、with his arms foldedという形の分詞構文を用います。

【例2】 Jim lay on the sofa <u>with his arms folded</u>.

「ジムは腕を組んでソファーに横たわった」

この「付帯状況のwith」は、よく人物描写に使われます。上の例では「腕が組まれた状態で」が直訳になります。またwith his mouth full「彼の口を食べ物で一杯にして」とかwith the television on「テレビをつけっぱなしで」などのような形でも使います。次のような、with 〜 全体が形容詞句として使われることもあります。

【例3】 Andy is in the front row in the picture. She is the one <u>with nothing in her hands</u>.

「アンディは写真の前列にいます。手に何も持っていないのがそうです」

設問の解説

正解：(D)

(A)は接続詞がありませんから不可です。また(B)も(C)も、共にisが必要です。答えは(D)です。Its top is cut off.という受動態を、分詞構文にしてwith（付帯状況のwith）をつけた形です。

[訳] 大きいペットボトルは上部を切り取れば、苗木を育てる植木鉢として使うことができる。

前置詞の集中講義 2

問：破線部に適切な前置詞を入れてください。

1. No child ------ the age of sixteen will be admitted to the theater.
「この映画館は16歳未満の子どもは入場できません」

2. The teacher apologized ------ not announcing the test earlier.
「先生は試験のことをもっと早く発表しなかったことを詫びた」

3. David gave me a lift ------ his car.
「デイヴィッドが車で送ってくれた」

4. The new gymnasium is now ------ construction.
「新しい体育館は今建築の最中です」

5. Quantum physics is ------ my understanding.
「量子物理学は私の理解を超えている」

[解答と解説]
1. under：underは、「〜の下に」が原義です。物理的な「下に」以外にも広く使えます。
2. for：forは「〜と交換に」という意味を持ちます。それが発展して、「褒める」などの動詞と共に「理由」の意味で使われます。
3. in：by car「車で」などの交通・通信手段を示すbyの場合には名詞には何もつきません。よってby his carは不可です。
4. under：under＋動詞の名詞形で「〜の最中で」という意味になります。under discussionなら「討議中で」という意味です。
5. beyond：beyondは「〜を超えて」が原義ですが、beyond＋力・理解力などで「力・理解力を超えている」の意味です。

147

PART **3**

接続詞・同格・特殊構文・関係詞

関係代名詞は
「つなぐもの」ではない。
「代名詞」だ!

Dragon English 044 接続詞

破線部に入れるのに適切なものを1つ選べ。

I am not going to sleep tonight ------- I finish my homework.

(A) by
(B) during
(C) since
(D) until

● 前置詞と接続詞の違いは？

前置詞は、「名詞の前に置くもの」です。whenやifなどの接続詞のことを従属接続詞といいますが、「文の前に置くもの」です。前置詞としても接続詞としても使えるものもありますが、どちらか一方の用法しかないものもあります。

Part 03　接続詞・同格・特殊構文・関係詞

	前置詞	接続詞
〜の後	after	after
〜の前	before	before
〜の間	**during**	**while**
〜までには	**by**	**by the time**
〜までずっと	until［till］	until［till］
〜以来	since	since

● while traveling in the U.S. という形も、while は接続詞？

「時（when / while / till / until）」「条件（if / unless）」「譲歩（though）」の意味の接続詞の場合に、後ろのS＋be動詞を省略することもあります。

たとえばWhile I was traveling in the U.S., I ran into an old friend from college.「アメリカ旅行中に大学時代の同級生に偶然出会った」という文をWhile traveling in the U.S., ...とすることがあります。これは厳密には「接続詞のついた分詞構文」［参照→138ページ］なのですが、S＋be動詞が省略されていると考えたほうがわかりやすいと思います。

ただし、「時」、「条件」、「譲歩」の場合以外では、

151

このような省略は可能ではありません。たとえば、

*I was not at home because <u>traveling abroad</u>.は間違いです。きちんとbecause I was traveling abroadと書いてください。

● by と until はどう違うの？

by ～は「～までには」の意味で、前置詞の用法しかありません。until［till］は「～までずっと」の意味で、前置詞あるいは接続詞として使われます。これらを「～まで」と覚えると間違ってしまうかもしれません。要注意です。

【例】**The cafe serves breakfast till 10 o'clock.**
「その喫茶店は、朝食は10時までです」

設問の解説

正解：(D)
破線部の後ろには「1つの文」があるので、破線部には接続詞が入ります。よって、(C)か(D)に絞られます。sinceは、「（理由を示して）～なので」、あるいは現在完了時制と共に使って「～以来」という意味ですが、いずれも文脈には合いません。よって(D)が正解となります。
[訳] 私は宿題を終えるまで今晩は寝られそうにない。

045 接続詞

破線部に入れるのに適切なものを1つ選べ。

------- all activities were suddenly to cease, time would still continue without any interruption.

(A) If
(B) Only if
(C) Only when
(D) When

● and や while や when には「逆接」の働きがあるの？

日本語の「が」は厄介です。「ボブはポルシェを持っているが、僕には貸してくれません」の「が」は、逆接ではありません。ポルシェを持っているからこそ、人には貸したくないわけですね。本来ならば「ポルシェを持っているので、僕には貸してくれません」というべきなんですが、日本語では少し変に響きま

153

す。日本語の「が」は心情的な逆接とでも言えるかもしれません。

辞書でandを引くと、「が、しかし」という訳語が載っています。これは、andに「逆接」の働きがあるのではありません。辞書はその宿命上、単語の本来の意味そのものだけでなく、「訳語」を提示しなければなりません。だから、日本語では順接でも「が」とする場合がある以上、訳語の1つに「が、しかし」を載せなくてはならないのです。

同じことが、whileやwhenにも言えます。相反する2つの事柄を同時に並べる場合には、日本語では「が」「一方」とするのが適切です。「僕は阪神が好きで、同時に巨人も好きだ」という日本語は「僕は阪神が好きだが（その一方で）巨人も好きだ」と言ったほうがスッキリしますね。そういうわけでwhileやwhenには逆接的な訳語が載っているわけです。

● if に even if「たとえ〜でも」の意味があるの？

ifに「たとえ〜でも」という訳語をあてることはあります。

Part 03　接続詞・同格・特殊構文・関係詞

【例1】If I am wrong, you are not absolutely right.
　　　「たとえ私が間違っているとしても、君が絶対的に正しいとは言えない」

　これは、「もし〜なら」としても間違いではありませんが、andと同じで心情的に「たとえ〜」としたほうがおさまりがいいわけです。ただし、このifはeven ifと交換可能ではありません。evenは「驚き」を表しますから、特に「(驚いたことに)たとえ〜でも」の場合に用いられます。

【例2】Even if Paul has no money with him, he believes he can get anything.
　　　「ポールはたとえお金がなくても(驚いたことに)何でも手に入ると信じている」

設問の解説

正解：(A)

if S were to (V) は「仮にSVだとしたら」の慣用句です。only ifで始まった場合には、主節が疑問文の形式の倒置形になります [参照→92ページ]。よって答えは(A)Ifです。「すべての活動が万が一突然停止したら、時間はそれでも遮られることなく続く」が直訳ですが、少し不自然な感じがしますね。これは、andなどと同じ現象です。このような場合にはifを「たとえ～でも」と訳してみるとスッキリします。このifはeven ifとは交換可能ではありません。本問の「すべての活動が停止した場合でも、時間は止まらず流れていく」は驚きでも何でもなく、当たり前のことだからです。

[訳] すべての活動が万が一突然停止したとしても、時間はそれでも遮られることなく続く。

046 接続詞

破線部に入れるのに適切なものを1つ選べ。

My brother loves baseball. He is an enthusiastic, ------ not a gifted, player.

(A) as
(B) if
(C) or
(D) so

● if ~ を「たとえ~」って訳すのは どのような場合？

ifの後に省略がある場合には、「たとえ~」と訳す場合が大半です。

【例1】 There is little, if any, water here.
　　　「ここには水はあるとしてもほとんどない」

上の文の省略されたものを補うと *There is little water here, if there is any water here. 「ここには、たとえ、少しぐらい水があっても、ほとんど水がな

157

い」となります。littleとanyが対比された表現ですから、little, if any,と並べて書かれていることがわかりますね。

【例2】 John seldom, if ever, goes to the movies.
「ジョンが映画に行くことはあるとしても滅多にない」

上の文の省略されたものを補うと*John seldom goes to the movies, if he has ever gone to the movies.「ジョンは今まで映画に行ったことはあるかもしれないが、映画に行くことは滅多にない」となります。seldomとeverが対比されているため、seldom, if ever,と並べられています。

【例3】 Jean is a speedy, if not an accurate, typist.
「ジーンはタイプを打つのが正確でないとしても速い」

上の文の省略されたものを補うと*Jean is a speedy typist, if she is not an accurate typist.となります。

● if ～ の解釈はそれ以外にはないの？

【例4】 David is one of the great football players, if not the greatest, in the world.
「デイヴィッドは世界で最も偉大なサッカー選手だ」

Part 03　接続詞・同格・特殊構文・関係詞

　もしこの文がデイヴィッドを褒めちぎった文だとすると「デイヴィッドは世界最高ではないとしても、世界の素晴らしいサッカー選手の1人だ」と解釈するのはおかしいですね。このような無条件で人を褒めちぎる場合には、if notを「たとえ〜」と解釈してはいけません。[例4]の直訳は「もし、デイヴィッドが世界で一番素晴らしい選手ではないとすれば、世界の中の素晴らしいサッカー選手の1人ということになってしまう」です。この文は遠回しな言い方ですが、デイヴィッドが「世界でトップだ」と言いたいわけです。このような文は、全体としては少数派で、人を褒めちぎるような文以外では、出てきません。

設問の解説

正解：(B)
A, if not B「たとえBでないとしてもA」を尋ねた問題。意味がわからず(A)を選ぶ人が多い問題です。答えは(B)ですね。
[訳] 兄は野球が大好きだ。才能に恵まれているわけではないが、熱心な選手だ。

047 接続詞

破線部に入れるのに適切なものを1つ選べ。

My uncle broke his promise to take us to the beach. ------- my sister was disappointed, her face did not show it.

(A) Even
(B) However
(C) If
(D) Then

● however は「しかしながら」と覚えてもいいの？

品詞を確認しながら暗記しないといけません。日本語に置き換えて暗記するとミスが起こりやすいです。

たとえば、despite / though / neverthelessはどれも「かかわらず」という訳語を当てることができますが、despiteは前置詞、thoughは接続詞、neverthelessは副詞です。

【例1】We went out despite [×though / ×nevertheless] the bad weather conditions.
「天気は悪かったが私たちは出かけた」

　同じように、butは接続詞ですが、howeverは副詞です。副詞は文と文をつなぐことはできません。

【例2】I tried hard to open the bottle, but [×however] the cap was stuck.
「そのビンを開けようと努力したが、キャップが固まっていた」

【例3】I tried hard to open the bottle. However [×But], the cap was stuck.
「そのビンを開けようと努力した。しかしキャップが固まっていた」

　コンマにも注意してください。日本語では「しかし、ＳＶ」と言えますが、英語では、However, ＳＶは可ですがBut, ＳＶとは言えません。ただしBut＋副詞（句／節）＋ＳＶの場合には、Butの直後にコンマを入れることはあります。

● however を接続詞みたいに使わない？

　howeverを接続詞のような働きで使うためには、

howeverの直後に形容詞［副詞］が必要です。

【例4】However much money you earn, you should not waste it.

「どんなに稼いでも、浪費してはいけない」

次のようなhoweverの用法は特殊で、滅多に出てきません。「どのような手段でS Vしても」という意味です。

【例5】However you do the job, you will find it difficult.

「その仕事をどんなやり方でやろうとも、それが難しいとわかるだろう」

設問の解説

正解：(C)

------- 文, 文. という形になっていますから、------- には接続詞が入ります。よって、(A)「さえも」副詞、(B)「しかしながら」副詞、(D)「その時」副詞はすべて消えます。正解は(C)です。ifは「たとえ〜でも」という訳語をあてる場合があります［参照→154ページ］。

[訳] 叔父さんが海へ連れて行ってくれるという約束を破った。妹は落ち込んでいたかもしれないが、顔には出さなかった。

048 接続詞

破線部に入れるのに適切なものを1つ選べ。

Ed was in love with Angela, but he was so shy that he dashed from the room ------ he saw her without so much as a glance in her direction.

(A) no sooner
(B) on
(C) right away
(D) the moment

● every day は、形容詞＋名詞なのになぜ副詞なの？

「この夏に、高野山へ行った」を「この夏、高野山へ行った」と言うことがあります。「この夏に」は副詞ですが「この夏」は名詞です。このように時を表す名詞が副詞に転用されることがよくあります。英語もよく似ています。this summerは、本来in this summer

のはずですが、今ではinは必ず省略しなければなりません。every day「毎日」も、本来on every dayのはずですが、今ではonは必ず省略します。these days「この頃」も、現在ではin these daysとは言いません。もちろん、in those days「その当時」のように、inを省略しないものもあります。一般に、「this, these, every, someなどが時を表す名詞の前についた時には前置詞を省略する」と覚えておけばいいでしょう。

このような前置詞の脱落は「時」以外でも生じます。たとえばwalk a mile「1マイル歩く」のa mileはfor a mileのforの脱落ですね。

● now that が接続詞ってどういうこと？

ある品詞が別の品詞に転用されることがあります。これは日本語でもそうです。たとえば「真相が明らかになった今、我々がすべきことはただ1つだ」という文では「今」という名詞が、文と文をつなぐ接続詞の役割を果たしています。now thatも同じように接続詞のような働きをします。now thatのthatは元は関係副詞で省略可能です。

【例1】Now (that) you have come, I would like

you to meet someone.

「来てもらったからには、会って欲しい人がいます」

他にもthe first time ~「初めて~した時に」、the next time ~「次に~する時に」、every time ~「~な時はいつも」などがあります。これらではthatは常に省略されます。

副詞が接続詞に転用されることもあります。yet「しかし」は、知っている人が多いですが、immediately「すぐに」、the moment「瞬間」なんかもありますよ。

【例2】Please show me the CD <u>immediately</u> you buy it.

「そのCDを買ったらすぐに私に見せてね」

設問の解説

正解：(D)

破線部には接続詞が入ります。(A) (C)は副詞、(B)は前置詞。以上から(D)が正解です。the momentは、名詞が接続詞に転じたものです。

[訳] エドはアンジェラが好きだった。ただ内気だから、彼女を見た瞬間、そちらを見ることさえなく部屋から出て行った。

Dragon English 049 接続詞

> 破線部に入れるのに適切なものを1つ選べ。
>
> **It annoys me ------ I see people litter on the street.**
>
> (A) that
> (B) what
> (C) when
> (D) which

● 「接続詞の that」って何？

I know that you are honest.「私は君が正直だと知っている」は、昔は、I know that : you are honest.「私はそれを知っている。あなたが正直であるということを」と表記しました。この場合のthatは「あれ」という意味の代名詞です。

まず「あれを知っている」と言った後に「あなたが正直であること」と説明したわけです。

ここからコロン（:）がなくなり現在の形になり、

thatを「接続詞」と分類するようになったのです。

● that は when などの接続詞と何が違うの？

普通の接続詞は、when S V「S Vの時には」、if S V「もしS Vなら」というように、それぞれに意味を持ちますね。ところがthatは、無色透明で意味を持ちません。つまり「後続の文を1つの名詞にまとめる接続詞」という役割しか持たないのです。ところがthat=「こと」と覚えてしまっている人もいます。確かに、I believe that you are honest.を「君が正直であることを信じている」と訳すこともできますが、thatそのものに「こと」という意味があるのではありません。

● that って省略できるの？

できます。普通の接続詞は省略できませんが、thatは特殊で省略できます。that節が主語になっている場合以外なら、省略可能です。特に口語ではその傾向が強いですね。ただしI regret that S V.「S Vを後悔している」のように省略しないこともありますから注意してください。

167

● so ～ that の that は何？

I was so tired that I could not eat.「私はとても疲れていて何も食べられなかった」という文は、so tired「それくらい疲れている」とまず言って、それの程度をthat以下で説明した文です。このthat節は、so tiredを修飾する副詞節の分類ですが、実質上は「名詞節をつくるthat」と同じです。また、soは指示副詞と呼ばれるもので「それほど／あれほど」の意味であることにも注意してください。

設問の解説

正解：(C)
破線部の後ろには「人々が道にゴミを捨てるのを見ている」という1つの完全な文がきていますから、まず関係代名詞の(B)と(D)は消えます。(A) thatにすると、現実を表し「人々は習慣的に道にゴミを捨てているが、それを私は毎日見ている」という意味になり、(C) whenにすると、仮定を表し「人々が道にゴミを捨てているのを見る時」となります。よってここでは(C)が適切です。なお、この文のitはwhen節の内容を指すitです。一般に、If/When/Because S'V', it...などでは、itがS'V'の内容を指すことがあります。
[訳] 人が道にゴミを散らかしているのを見るといらつく。

050 接続詞

破線部に入れるのに適切なものを1つ選べ。

Does not Betty's mother complain about ------- every night?

(A) for you to call her up
(B) that you call her up
(C) you call her up
(D) your calling her up

● 前置詞の後に動詞を置く場合はどうするの？

前置詞は原則的に名詞の前に置かれます。よって前置詞の後に動詞を置く場合には、それを名詞に変換する必要があります。その際にはto不定詞ではなく動名詞を用います。

【例1】We hurried to the office on receiving the letter.

「私たちはその手紙を受け取るとすぐに会社へ急いだ」

この例のon receiving the letterを*on to receive the letterとすることはできません。on (V)ingは「～するとすぐに」という意味の硬い表現です。

　なお、fromなどの一部の前置詞は、後ろに副詞（句）をとることもあります。たとえば、from abroad「外国から」、from behind the curtain「カーテンの後ろから」などです。

●前置詞の後に that 節は置けるの？

　一部の例外を除いて不可能です。よって、形式上の目的語itを置いて、その後にthat節をとるという特殊形式になります。

【例2】You may depend on it that he will join us.
　　　「彼が私たちに加わると思っていてもいいよ」

　ただし、この形式が残っているのはdepend on it that S Vあるいはsee to it that S V「S Vになるように取りはからう」ぐらいで、普通、前置詞＋itが省略されます。insistやthinkやcomplainは自動詞ですが、that節を接続する時には「見かけ上」他動詞に見えるのはそのためです。

Part 03 接続詞・同格・特殊構文・関係詞

【例3】 My father insisted ~~on it~~ that we should eat dinner together.
「父は晩ご飯は一緒に食べるべきだと言い張った」

【例4】 We are sure ~~of it~~ that he will join us.
「きっと彼は私たちに加わってくれると思う」

例外は、except that S V「S Vの場合を除いて」と、「～の点において」という意味の場合のin that S Vです。

【例5】 Humans differ from animals in that they can think and speak.
「人間は考え話せるという点で動物とは異なる」

設問の解説

正解：(D)
破線部の前には前置詞がありますから、破線部には(C)のような文や、(B)のようなthat節は不可。さらに(A)のようなto不定詞も不可です。以上より(D) your calling her upが正解となります。
[訳] ベティのお母さんはあなたが毎晩彼女に電話することに文句を言っているんじゃない?

051 同格

破線部に入れるのに適切なものを1つ選べ。

Social science, ------ in 1998, is no longer taught at this college.

(A) studying the subject
(B) having studied
(C) the subject I studied
(D) I have studied

●「同格」って何?

「同格」とは「名詞と名詞の言い換え」のことです。

英語には、同じ種類の単語をコンマで並べることがあり、これを「言い換え」といいます。日本語でも似たものは存在しますが、「AすなわちB」「AつまりB」というように、要素と要素の間に「つなぎ語」を入れるのが普通です。

【例1】 Rina, a cat, lives with me.
「リーナという猫［猫のリーナ］は僕の家に住んで

172

いる」

　もし、Rina and a catならば「リーナと猫」の意味になりますが、上例ではandではなく、コンマしかないことに注意してください。このような場合に「Rinaとa catが同格の関係にある」という言い方をします。

●「同格の that」って何？

　正式な用語ではありません。

【例2】The fact that Jimmy stole the money is obvious.

　　　　「ジミーがそのお金を盗んだという事実は明白だ」

　[例2]のthe factとthat Jimmy stole the moneyが「同格の関係」にあります。このような名詞とthat節の同格関係の場合にはコンマは打たれません。誤解される心配がないからですね。

　that Jimmy stole the moneyのthatは、「thatの後に来る文を1つの名詞にまとめる接続詞」です。だから、もし「このthatって何ですか？」と尋ねられたら、「接続詞です」と答えてください。「同格のthat」なんて意味不明な用語はダメです。

● どんな名詞でも that S V と同格なの？

なりません。次の場合しか使えません。
1. 元の動詞、形容詞がthat節を従える。
   [例] hope / knowledge / awareness
2. その他、一部の名詞
   [例] fact / rumor / possibility

よって、「〜という思い出／経験」という日本語はOKでもmemoryやexperienceはthat節を従えることはなくof〜で表します。

設問の解説

正解：(C)
(A)とか(B)が正解となるためには、たとえばStudying the subject, I fell asleep.「その科目を勉強して寝てしまった」のように、主語がstudyの主語と一致しなければなりません。また(D)は、過去時制を用いて、関係代名詞のwhichを補ってSocial science, which I studied in 1998, is...とすれば正解となります。コンマがついた場合、関係代名詞は省略できません。またin 1998は過去を示す副詞ですから現在完了時制では使えません。以上から正解は(C)です。social scienceとthe subject I studied in 1998が同格の関係になっていることに注意してください。

[訳] 社会科学は、私が1998年に勉強した科目だが、もはやこの大学では教えられていない。

052 特殊構文

破線部に入れるのに適切なものを1つ選べ。

It was not Mary that he went to the museum with. He -------.

(A) did not go anywhere
(B) did not go with anyone else
(C) went only with Mary
(D) went with Sue

●「強調構文」って何?

　名詞あるいは副詞をit isとthat / who / whichで挟み込んだ文のことです。副詞というのはyesterdayなどの1語の副詞、at this shopなどの前置詞+名詞、because I am a studentなどの接続詞+SVなどがあります。この形は正式には「分裂文」と呼ばれています。その用法は2つです。ひとつ目はit isとthat / who / whichで挟んだものを強調することです。

【例1】It is Betty who is to blame.

175

「責任があるのはベティだ」

ここでは「他ならぬBettyだ」ということが強調されています。

もうひとつは、英語の基本的な流れ「旧情報から新情報」を示すために行われる倒置です。「旧情報」とは、thisなどの指示詞を含むもののことです。この場合には「強調構文」という名前は不適切かもしれません。

【例2】It was at this shop that we first met.
「この店で、私たちは初めて会いました」

この例では、at this shopが「旧情報」、we first metが「新情報」です。

● 訳の仕方には決まりがあるの？

ありません。ただ、一般的には、[例1]のような場合にはthat / who / whichの後ろから、[例2]のような場合には「旧情報」から訳すといいでしょう。

● 疑問詞も強調できるの？

できます。疑問詞は名詞か副詞ですから可能なわけです。1．名詞 (what / who / whom / which)、

Part 03　接続詞・同格・特殊構文・関係詞

2．副詞 (when / where / why / how)。たとえばWhat made you angry?のwhatを強調構文で強調すると、*It was what that made you angry? となりますが、これでは不可です。疑問詞は文頭に出す必要があります。よってWhat **was it that** made you angry? という形にするわけです。疑問詞をit isとthatで強調する場合、thatが省略されることがよくあります。

設問の解説

正解：(D)
that以下に名詞の欠落があることから、このthatは関係代名詞か、強調構文のthatだと考えられます。また、固有名詞のあとに関係代名詞を置く場合、普通、コンマ＋関係代名詞になります [参照→188ページ]。よって、本問のthatは関係代名詞ではないとわかります。つまり、前半が強調構文で書かれていることがわかるわけです。He did not go to the museum with Mary.が元の文です。この文の続きとしてつじつまがあうのは(D)しかありません。
[訳] 彼が博物館に一緒に行ったのはメアリではないよ。スーと一緒に行ったんだ。

Dragon English 053 関係代名詞

> 破線部に入れるのに適切なものを1つ選べ。
>
> Last night, Cindy told me about her new job in Tokyo, ------- she appeared to be enjoying very much.
>
> (A) which
> (B) where
> (C) what
> (D) when

● SVOの倒置形は、どうなるの?

英語の倒置の型は、ある程度決まっています。

```
1. S V M     →  M V S     ※Mは修飾語
2. S V C     →  C V S
3. S V O     →  O S V
4. S V O₁O₂  →  O₂ S V O₁
5. S V O C   →  O S V C   ※SVCOもある
```

178

「倒置」とは、「主語の前に動詞か助動詞が置かれる現象」のことですから、上記の3、4、5は正しくは倒置ではなくて「目的語の前置」と呼ばれる現象です。

このような形になる理由は、「主語が長いからバランスを整えるため」などのこともあります。しかし、最も多いのが「旧情報」→「新情報」という流れにするためです。既に述べた、読者も了解している情報（＝旧情報）を先に置き、前文とのつながりをよくしたうえで、まだ述べていない新しい情報（＝新情報）を提示するわけです。

●「関係代名詞」は「目的語の前置」？

「関係代名詞」は「代名詞」の一種です。「つなぐ働き」だと思っている人がいますが、それは残念ながら間違っています。あくまでも「代名詞」の一種なのです。すると、

【例1】**The tool that I used yesterday was a knife.**
　　　「昨日僕が使った道具はナイフだ」

のthat I used yesterdayの部分に注目すると、that（＝O）＋I（＝S）＋used（＝V）の形になっていることがわかります。まず名詞が存在し、それを追加説

明する文が後ろに置かれている形です。The tool+O S V +was a knife.に見えればOKです。thatは代名詞ですから、当然「旧情報」で、前方に移動する理由も明快ですね。

【例2】**The girl who visited our house was Jenny.**
「うちに来た女の子はジェニーでした」

これはThe girl+S V O+was Jenny.となっており、S（=who代名詞）が「旧情報」ですから倒置にする必要はありませんね。

設問の解説

正解：(A)
enjoy ~は「~を楽しむ」という意味の他動詞です。店の人が言うEnjoy!「楽しんでください」は例外的だと思ってください。よって、破線部にはenjoyの目的語になるものが入ります。よって、（関係）副詞の(B) (D)が消えます。(C) whatにすると、「彼女がとても楽しんでいるように思えるもの」という意味になりますが、それでは前の文とつながりません。よって(A) whichを選ぶことになります。
[訳] 昨夜、シンディーは東京での新しい仕事について話してくれた。その仕事をとても楽しんでいるみたいだった。

054 関係代名詞

破線部に入れるのに適切なものを1つ選べ。

If you write a diary that you feel sure ------ except yourself, you are probably perfectly truthful.

(A) nobody will ever see
(B) nobody will ever see it
(C) of will ever see
(D) of will ever see it

●「連鎖関係代名詞」って何？

簡単に言うと、関係代名詞節の中にSVが挿入された形です。

【例】Kenny is a teacher who <u>I believe</u> will help you out.

「ケニーは君を救ってくれると僕が信じている先生だ」

上の文は、Kenny is a teacher who will help you out.にI believeが挿入された形です。これは、疑問詞

の後にdo you thinkが挿入されるのと同じような感じですね［参照→88ページ］。

2つのＳＶ（例ではwho will helpとI believe）が「鎖のように連なっている」ことから「連鎖」という名前になったものと思われます。

● who の後に I なんかが来てもいいの？

慣れの問題です。普通、関係代名詞のwhoの後には、動詞が置かれますから、who Iと書いてあると違和感があると思います。でもそれは、「慣れ」の問題です。「関係代名詞に何を使うか」は、「文中でどのような要素が欠けているか」で決まります。ですから［例］ではwill helpの主語が欠けているのでwhoが置かれているわけです。ただし、英米人でも、［例］のような文に違和感を持つ人がいて、whoをwhomにしてしまう人もいます。辞書で確認してほしいのですが、現在ではそれも容認されています。

● I believe 以外にも I want などでも「連鎖」で使えるの？

できません。先ほどの例を2文に分けると、Kenny

Part 03　接続詞・同格・特殊構文・関係詞

is a teacher. I believe that he will help you out. となります。よって、believeのようにthat節を従えるものしか使えません。wantはwant that S Vとは言えないので使えません。

　that節を従える動詞は大別すると「言う」と「考える」の意味を持つものですから、その類の動詞は連鎖関係代名詞で使うことができます。よく出てくるものは、think / believe / feel / be sure / sayです。それ以外にもcomplain「不平を言う」、imagine「想像する」などがあります。

設問の解説

正解：(A)

a diaryとthat節が同格の関係になることはありません［参照→173ページ］。よって、このthatは関係代名詞です。ですから後続の文には「名詞の欠落」が必要となります。you feel sureは、その後にthat節はとれますが、名詞を置くことはできません。よって連鎖関係代名詞節と考えなければなりません。you feel sureを除いて考えれば(A)が正解だとわかります。元の文は、you feel sure that nobody will ever see it except yourselfで、itが関係代名詞のthatになって文頭に移動した形です。

[訳] もし自分以外の人間が絶対に読むことはないとわかっている日記の場合には、おそらく本当に正直に真実を綴るであろう。

Dragon English 055 関係代名詞

> 破線部に入れるのに適切なものを1つ選べ。
>
> If there is anything ------- for you, please let me know.
>
> (A) I can do
> (B) I can do that
> (C) that I can
> (D) what I can do

● 関係代名詞はいつ省略できるの？

関係代名詞を省略した際に「先行詞となる名詞の後ろにSVがコンマなしで連続する」場合、関係代名詞は省略が可能です。

【例1】I need a bookshelf, but I can not afford the one (that) I want yet.
「本棚が必要だけど、欲しいやつを買うだけのお金がまだない」

この文では、the oneの後にI wantというSVが連

184

Part 03　接続詞・同格・特殊構文・関係詞

続していますから、目的格の関係代名詞thatを省略することが可能です。

【例2】Brian wants to try fishing in an area (that) he hears is really nice.
「ブライアンは、本当に素晴らしいと言われている場所で釣りをしてみたいと思っている」

　この文は連鎖関係代名詞節です。ですから、an areaの後にhe hearsというＳＶが連続しています。このthatは主格の関係代名詞ですが、省略の条件を満たしているので、省略することが可能です。

【例3】Paul is a man who I am sure will help you.
「ポールは君を救ってくれる男だよ」

　この文からwhoを取り去ればa manの後にI am sureというＳＶが連続していますから、主格の関係代名詞whoであっても理論上は省略することが可能です。ですが、実際にはwhoの省略はwhichやthatほど頻繁には起こりません。

【例4】Sally is not the woman (that) she used to be.
「サリーは以前のような女性ではない」

　補語の位置に置かれる主格の関係代名詞は、ほぼ確実に省略されます。

185

● 省略できる関係代名詞は省略したほうがいいの？

文体によります。口語体では省略するのが普通で、文語体では省略しないのが普通です。ですから、口語体で「私があなたに貸した本」はthe book I lent youが自然です。

なお、アメリカ英語では、the tool which I used yesterdayのような、コンマのないwhichの使用は間違いとする人も多くいます。よって、whichの使用は、コンマ＋whichや前置詞＋whichの場合に限るのが無難です。

設問の解説

正解：(A)
まず(D)は不可です。whatは、その前に名詞を置くことはありません。(B)もthatが不要。(C)は、canの後ろの動詞がありませんから不可です。もしI will do anything that I can.のように、canの後ろに置くべき動詞が既に明示されている場合（この例文ではdo）には動詞を省略することができますが、本問では無理です。よって(A)が正解。これはanything that I can doから関係代名詞のthatが省略された形です。
[訳] もし私にできることがあれば、知らせてくださいね。

056 関係代名詞

> 破線部に入れるのに適切なものを1つ選べ。
>
> Yokohama ------- has the second largest population in Japan now.
>
> (A) that used to be known as a gateway to the world
> (B) that used to be known for a gateway to the world
> (C) , which used to be known as a gateway to the world,
> (D) , which used to be known for a gateway to the world,

●「限定用法」と「非限定用法」って何？

コンマがつかない関係代名詞節のことを「限定用法」と言います。それに対して、関係代名詞の前にコンマが打たれた場合は、その関係代名詞節のことを「非限定用法」と言います。「連続用法」とか「継続用法」とか言う人もいます。

187

● 2つの用法はどう区別するの？

次の［例1］は「限定用法」、［例2］が「非限定用法」です。日本語では「限定用法」と「非限定用法」の形の上での区別はありませんが、英語ではコンマの有無で区別します。

【例1】 An island which is in the Pacific attracts attention from scientists.
「太平洋にある島が科学者の注意を集めている」

【例2】 Hawaii, which is in the Pacific, attracts a lot of tourists every year.
「太平洋にあるハワイには毎年多くの観光客が訪れます」

［例1］で「太平洋にある」の部分を取り除くと、「島が科学者の注意を集めている」となり、「どこの島だ？」という疑問が生じます。だから「意味を限定する」ために関係代名詞節を後ろに置くのです。一方、［例2］では、「太平洋にある」を取り除いても十分に意味は通じます。つまりこの「太平洋にある」は意味の限定ではなく、追加説明の働きをしているわけです。

よって、先行詞が固有名詞やthis＋名詞のような、

それだけで特定できる名詞の場合には、非限定用法になり、そうでない場合には限定用法となるわけです。

● which が前文を指すことがあるの？

関係代名詞のwhichは、前文（の一部）を指すことがあります。

【例3】There are few places downtown for parking, which [× that] is really a problem.
「街の中心部には駐車場が少なく、それは本当に問題だ」

この例では、whichの前の文全体を、whichが指しています。このような場合には、whichの前にはコンマが必要となります。

設問の解説

正解：(C)
Yokohamaは固有名詞ですから、「コンマ＋関係代名詞」を選びます。よって(A)(B)が消去できます。またknownの後がasかforかは次の識別で決定します。Kyoto is known **as** an ancient capital of Japan.ならKyoto＝an ancient capital of Japanですが、Kyoto is known **for** its temples.ではKyoto≠its templesです。

[訳] かつて世界への玄関口として知られていた横浜は、今は日本で人口が2番目の都市である。

057 関係副詞

破線部に入れるのに適切なものを1つ選べ。

"Are you going somewhere during the vacation?"
"Yes, I've found a nice beach ------- I can enjoy swimming even in February."

(A) how
(B) when
(C) where
(D) which

● 関係副詞の where って何？

Where do you live? は「君はどこに住んでいるのですか」という意味で、whereは「どこに」という意味の疑問副詞です。

ではThis is the house where I was born.という文はどうでしょう？ 意味を前から考えていくと、「これは家だ」＋「どこで私が生まれたか」となります。

Part 03　接続詞・同格・特殊構文・関係詞

1つの文の中に言わば「答え」と「疑問文」がセットになっている感じです。このような文の中のwhereも、疑問副詞のwhereと変わりないのですが、疑問副詞と区別して関係副詞と呼ばれています。「関係副詞」という用語を無理に覚えなくても、where＝「どこに／どこで」と覚えておいても支障はありません。

● 関係副詞の where ってどう訳すの？

This is the house where I was born.を日本語にする場合には「これは私が生まれた家です」とすると自然な日本語になりますね。その場合に、whereに対応する訳語がないことがわかります。つまり、関係副詞は訳さないわけです。これはwhereに意味がないのではなくて、訳す場合には、結果的に日本語に出てこないということです。

● where＝前置詞＋関係代名詞でよい？

必ずしもそうとは言えません。関係副詞のwhereは、方向性を持つ動詞であるgoやcomeやtakeなどとは相性が悪いのです。

【例1】 the house in which [○where] I live

191

【例2】 the house to which [△where] I went

これはwhereを用いると「～まで」なのか「～から」なのかが不明確になるからだと思われます。

● the place の後に関係代名詞がくることはないの？

あります。

【例3】 This is the place in my town that I like best.
「ここは私が町で一番好きな所です」

この例では、likeの目的語がありませんね。このような場合、たとえ「場所」を示すplaceなどの名詞の後でもwhereを置くことはできません。関係代名詞のthatやwhichが使われます。大事なことは、whereの後ろには1つの完成した文がくるということです。

設問の解説

正解：(C)
破線部の後の文「2月でさえも水泳を楽しめる」というのは1つの完全な文（名詞の欠落がない文）です。よって、関係代名詞の(D) whichは消えます。さらにa nice beach「素敵な浜」は、「場所」ですから(C)のwhereを選びます。
[訳]「休暇中にどこかへ行くつもり？」
　　「うん。2月でも水泳を楽しめる素敵な浜を見つけたんだ」

058 関係副詞

破線部に入れるのに適切なものを1つ選べ。

Michael works very hard. That is ------- I respect him.

(A) how
(B) the person
(C) the thing
(D) why

● 関係副詞っていくつあるの？

全部で4つあります。where / when / why / how です。すべて先ほどのwhereと同じように考えれば大丈夫です。

【例1】This is the reason <u>why</u> I was late.
「これは理由です。なぜ私が遅れたのか」
→「これは私が遅れた理由です」

【例2】I do not remember the date <u>when</u> we first met.

「私は日を覚えていない。いつ私たちがはじめて会ったのか」

→「私は、私たちがはじめて会った日を覚えていない」

【例3】 This is the way ~~how~~ I cooked this food.

「これが方法です。どのように私がこの料理を作ったのか」

→「これが、私がこの料理を作った方法です」

［例3］では、*This is the way how I cooked this food.となっていませんね。これは、wayとhowを並記することは許されていないからです。the wayを省略してThis is how I cooked this food.と言うことは可能です。

● 関係副詞って省略できるの？

where以外は省略可です。辞書によっては「whereは省略可」と書いてありますが、whereは省略不可と覚えておいたほうが無難です。

関係代名詞の場合と異なり、先行詞を省略することもあります。もちろん、省略しても支障のない名詞に限られますよ。

Part 03 接続詞・同格・特殊構文・関係詞

> the place / the case where 〜 のthe place / the caseは省略可
> the time when 〜 のthe timeは省略可
> the reason why 〜のthe reasonは省略可
> the way how 〜のthe wayは省略可
> (the wayかhowを必ず省略)

That is why 〜なら「それが〜の理由です」→「そういうわけで〜」です。

【例4】 **The train was delayed one hour. That is why I was late.**

「電車が1時間遅れていた。だから遅刻したんだ」

設問の解説

正解：(D)
破線部の後ろには、「私は彼を尊敬している」という1つの完全な文がきますね。ですから(B) the personとか(C) the thingではおかしいですね。もし、そうしたものを使いたければ、He is the person (whom) I respect.とか、This is the thing (which) I respect about him.とする必要があります。また(A)では「これが私が彼を尊敬している方法だ」となり意味が変です。以上から答えは(D)のwhyだとわかります。
[訳] マイケルはとても頑張っている。だから僕は彼を尊敬している。

195

Dragon English 059 関係代名詞

破線部に入れるのに適切なものを1つ選べ。

Thank you, Hiromi. This book is exactly ------- I wanted.

(A) what
(B) which
(C) of which
(D) that

● 関係代名詞の what と疑問詞の what って何が違うの？

形の面では何も違いません。だから疑問詞のwhatさえわかっていれば大丈夫です。whatは、名詞を尋ねる場合に使いますね。たとえば「手に何を持っていますか？」という場合にはWhat do you have in your hand? となります。have ～「～を持っている」の目的語が欠落していて、それがwhatになっていることさえわかればOKです。what自体が名詞ですか

ら、whatの後ろの文には、どこかに「名詞の欠落」があるわけです。

● では、関係代名詞の what とは何？

「何を［が／に］〜」と訳せば疑問詞、「〜なもの／なこと」と訳せば関係代名詞の扱いになります。I finally got what I wanted.を訳してみましょう。whatを疑問詞と考えると「私が何を欲しいのかついにわかった」となります。関係代名詞と考えると「私が欲しいものをついに手に入れた」となります。意味が変わってきますね。

ではI do not know what she said.はどうでしょうか？　「私は彼女が何を言ったのか／彼女が言ったことを知らない」。この場合は意味は同じだと考えてもいいですね。こんな場合は、両者を区別する必要はありません。自然な日本語になるほうを選択すればOKです。普通、関係代名詞といえば、その前に名詞（先行詞）が必要ですね。ところが、whatには先行詞をつけません。

【例1】I like the thing that he bought for me yesterday.

【例2】I like what he bought for me yesterday.
「昨日彼が私に買ってくれたものを気に入っています」

　that / whichの場合には、その前に名詞（先行詞）が必要ですが、whatの前には何もありません。これがwhatと普通の関係代名詞との違いです。

● 関係代名詞の what＝the thing which と覚えてもいいの？

　ＯＫです。ただしtheがついていることに注意してください。たとえば「欲しいものを買ってあげるよ」のつもりでI will buy you what you want.と書くと、I will buy you <u>the</u> thing you want.と同じですから相手が今欲しいものが１つしかないことになってしまいます。欲しいものが沢山あるのならI will buy you <u>anything</u> you want.です。

Part 03 接続詞・同格・特殊構文・関係詞

設問の解説

正解:(A)

exactlyは副詞ですから、いったん文から外すとThis book is ------- I wanted.となります。wantedの後ろに目的語がないので破線部には関係代名詞が入ります。さらに先行詞がありませんから、(A) whatを選びます。

[訳] ありがとう、ヒロミ。この本はまさに私が欲しかった本だよ。

060 関係代名詞

> 破線部に入れるのに適切なものを1つ選べ。
>
> It is not only her friends that Becky is kind to. She helps ------- needs her help.
>
> (A) those
> (B) whatever
> (C) whoever
> (D) whom

● whatever って何？

ever＝at any timeです。anyは仮定の気分を表しますから、at any timeは「存在しないかもしれないが、もしあればいつでも」の意味です。ですからI will buy you whatever you want.なら「今は欲しいものはないかもしれないけど、もし欲しいものがあればいつでもそれを買ってあげる」というのが元の意味です。それが転じて「欲しいものならどんなものでも」という意味で使われるようになりました。元は

200

「時間的制約がない」という意味だったのが「物的制約がない」と変化したわけです。これはwhoever「誰でも」、whichever「どちらでも」でも同じです。

● whatever って接続詞みたいに使うことがあるの？

次の例を見てください。

【例1】**Whatever you buy at this shop, you cannot return it.**

「この店では何を買われても、返品不可能です」

whateverはbuyの目的語ですが、同時に接続詞を兼ねているような感じになります。なお、このような場合には、whateverをno matter whatで置き換えることができます。これは*It is no matter what ～「何を～かは重要ではない」からIt isが脱落した形だと思えば理解しやすいですね。

なお、whatever＋名詞、whichever＋名詞でも使います。

【例2】**Whatever decision you make, we will support it.**

「どんな決定をしようと、私たちはそれを支持する」

● whoever って先行詞は要らないの？

what以外の関係代名詞 (who / whose / whom / which / that) は、先行詞が必要ですね。ところが、everがつくと先行詞が脱落します。

【例3】I will dance with ~~anyone~~ whoever likes to do.
　　　　「踊りたい人となら誰とでも踊るよ」

これはwhoeverだけでなく、whosever / whomever / whicheverにも当てはまります。またwhoever / whosever / whomeverはwhateverと同様に接続詞的な働きもします。

【例4】I will go to the mountain, whoever tells me not to.
　　　　「誰が止めろと言っても、私はその山に行く」

設問の解説

正解：(C)
まず(A)はthose who need her helpという形ならOKです。(B) whateverは、「モノ」を表しますから不可。(D) whomは先行詞が必要ですが、そもそも破線部の後ろの文は主語が欠落していますからanyone who needs her helpなら正解となります。以上から正解は(C)です。

[訳] ベッキーが親切にするのは友達だけではありません。彼女は彼女の助けを必要とする誰でも助けてあげます。

前置詞の集中講義 3

問：破線部に適切な前置詞を入れてください。

1. The study of the effect of the mind ------ the body is a fascinating field.
   「精神が肉体に及ぼす影響の研究は魅力的な分野だ」
2. It is hot today. I think you should change ------ something cooler.
   「今日は暑いよ。もっと涼しいものに着替えるといいよ」
3. Sad things are forgotten ------ the passage of time.
   「時が過ぎれば悲しいことも忘れてしまう」
4. Your tools were ------ great use to me.
   「きみの工具はすごく助かったよ」
5. That detective novel is based ------ the writer's experience when he was young.
   「その探偵小説は作者の若いときの経験を基にしている」

[解答と解説]
1. on：onは「接触」が原義です。接触すれば影響を与えます。an effect on ～で「～に対する影響」です。
2. into：intoは「～の中へ」が原義です。そこから「ある別のものの中に入る」→「～に（変化する）」でも使われます。
3. with：withは「～と一緒に」が原義です。そこから「～と共に」という意味で使われます。
4. of：ofは「～に所属している」が原義です。そこからof＋use / help / importanceなどで「～の性質を持つ」という意味でも使われます。
5. on：onは「接触」が原義ですが、そこから「基盤や依存」を示す場合があります。depend on ～で「～に依存する」です。

PART **4**

時制・助動詞・仮定法

「have+過去分詞形」は現在完了とは限らない！

Dragon English 061 | 時制

> 破線部に入れるのに適切なものを1つ選べ。
>
> "What do you want to do after you graduate?"
> "------."
>
> (A) I haven't decided yet
> (B) I'm still not deciding
> (C) I still don't decide
> (D) I wasn't decided yet

●「～する」は未来？

日本語には注意が必要です。たとえば、「行く」という日本語は「どうやって行く？」「私はバスで行く」「行くの？」というように、普通、未来の意味で使います。ですからgo=「行く」というのは危険です。

英語のgoやtravelなどの動作を表す動詞（＝動作動詞）の現在時制は「毎日のように習慣的に繰り返されている動作」を表します。よって、I go to school.は

206

「私は（毎日）学校へ通っている」という意味になります。What do you do? は「毎日何をやっていますか」から「職業は何ですか」という意味です。What are you doing now?「今、何をしつつあるの」とは全く異なる意味ですね。

My father drives buses.と言えば「私の父は、毎日習慣的にバスを運転しています」という意味ですから、「私の父はバスの運転手をしています」となります。日本語の「運転する」は、たとえば「私が運転するね」「僕が運転するよ」というように未来の表現ですが、driveは、毎日の習慣的行為を表すわけですね。

●「女性の夜の一人歩きは危険だ」は？

よくある間違いは*It is dangerous that women walk alone at night.です。これは「歩く」＝walkと覚えているために起きたミスです。上記の英文のthat節を訳すと「女性というものは（習慣的に）夜一人で歩いているものだ」となります。元の日本語は「もし一人で歩くなら」という仮定を示しますからto不定詞を用いて、It is dangerous for women to walk alone at night.とします。

●「Bob はまだ来ていない」って Bob does not come yet. ではダメ？

動作動詞の現在形は、否定形でも「習慣的行為」を表します。Bob does not come.という文は、「ボブは、毎日必ず来ない、というのが彼の習慣だ」という意味になってしまいます。ですから「ボブはまだ来ていない」というのは現在完了形を用いてBob has not come yet.とするわけです。

設問の解説

正解：(A)
まず(B)「まだ決めつつはない」、(D)「私に決められてはいなかった」は意味不明ですね。(C)はdecide「決める」という動作動詞の現在時制ですから「毎日まだ決めない」というよくわからない意味になります。ですから(A)「まだ決めていない」が正解となります。stillは、肯定文でも使いますが、否定文の場合には必ずnotの前に置かれます。また、not yetは、文字通り「まだ～ない」という意味ですが、still notは、やや感情的に「まだ～してないなんて！」という感じを表す時に用いられます。
[訳]「卒業したら何がしたいの？」
　　「まだ決めてないんだ」

Dragon English 062 時制

> 破線部に入れるのに適切なものを1つ選べ。
>
> I ------ in China for three years when I was a child, but I cannot speak Chinese at all.
>
> (A) have been
> (B) have once stayed
> (C) lived
> (D) went

●「現在完了時制」って？

まず過去時制というのは、「それがいつ起きたことか？」を伝える時に用います。日本語でも、何かの出来事を伝える場合には、「昨日ね」「さきほどね」「高校の時に」「昨年」などの、過去を特定する副詞から始めることが多いですね。だから英語でも過去形を用いる場合には、まず過去を特定する副詞を用いるのが原則だと思ってください。

209

【例1】Yesterday I ran into James.
【例2】I ran into James.

[例1]「昨日、ジェームズに会いました」は普通の英語ですが、[例2]「ジェームズに会いました」は唐突すぎるわけです。

では、特定の過去の副詞を伴わないで、「課長は昼食に出ました」という場合はどうでしょう。ここで使われるのが現在完了時制です。日本語だけ見ても過去時制を使うべきか現在完了時制を使うべきかわからないことは多いですが、過去を特定する副詞がなければ原則的に現在完了時制と覚えておけばいいでしょう。

【例3】I have run into James.
「(さっき) ジェームズに会いました」

● 「〜したことがある」なら現在完了時制？

【例4】I have been to Germany three times.
「ドイツには3回行ったことがあります」

この例は問題ないですね。ところが「したことがある」という日本語が、英語では必ず現在完了時制になると覚えるのは危険です。

日本語では過去に対しても「したことがある」と言

いますから、日本語で区別することはできません。たとえば「私は独身の頃、ドイツに2年いたことがあります」という場合には「独身の頃」という過去を示す副詞があるので現在完了は使えません。

【例5】I lived [×have lived] in Germany for two years when I was single.

これは、現在完了形〈have＋過去分詞形〉が元々「(今)〜を持っている」という形だからです。「(今)〜を持っている」という現在時制と、過去の副詞を一緒に使うことなどできません。

【例6】When did you leave [× have you left] home?
「何時に家を出たの?」

設問の解説

正解：(C)
when I was a childという過去を示す副詞があるので現在完了は使えません。よって、(A)(B)は消えます。goは、go in the right direction「正しい方向へ行く」などの「方向」を伴う場合以外はinをとりません。よって、(C)を選ぶことになります。

[訳] 私は子どもの頃3年間中国にいたが、今では中国語が全然話せない。

Dragon English 063 時制

> 破線部に入れるのに適切なものを1つ選べ。
>
> These fans must be bored. They ------- in this rain for hours.
>
> (A) are waiting
> (B) are waited
> (C) have been waited
> (D) have been waiting

● 現在完了って3つの用法があるの？

現在完了そのものに3つの意味があるのではなく、伴う副詞（句／節）によって意味が分かれる気がするだけです。たとえば、私、竹岡は30年以上教師をしていますが、「私は教師だ」を英語にする場合にI have been a teacher.とは言いません。普通は、I am a teacher.です。「継続」の気持ちを表したいのであればI have been a teacher <u>for more than thirty years</u>.とします。

Part 04 時制・助動詞・仮定法

1. 経験：回数表現や、ever「(ないかもしれないがもしあれば) 今までに」、never「一度も～ない」などの副詞を伴う。

【例1】I have met James <u>several times</u>.
　　　「私はジェームズに何度か会ったことがある」

【例2】Have you <u>ever</u> been to Hokkaido?
　　　「北海道に行ったことがありますか?」

2. 継続：for ten yearsなどの期間を示す表現やsince ～「～以来」という副詞句 [節] を伴う。

【例3】I have known James <u>for ten years</u>.
　　　「私はジェームズとは10年来の知り合いです」

【例4】I have been studying English <u>since graduation</u>.
　　　「私は卒業以来英語を勉強しています」

3. 完了：何も副詞を伴わないか、just「ちょうど」、already「既に」などを伴う。またover ten yearsなどを伴うこともある。
動詞は、「動作動詞」しか使えないことに注意。

213

【例5】I have (just) finished the job, so I can go out now.
「仕事が終わったから外出できる」

【例6】This town has changed completely over ten years.
「この街は10年で大きく変わった」

● 現在完了って必ず副詞（句／節）を伴うの？

副詞（句／節）がなくても意味の識別ができると話者が判断した場合には、副詞（句／節）は省略されます。特に「完了」を示す時にはその傾向が強いですね。

設問の解説

正解：(D)
waitは「待つ」という意味の自動詞です。よってI was waiting for him.「私は彼を待っていた」を受動態にするとHe was waited for.となり、文末にforが必要です。よって、(B)(C)は不可です。さらに、for hours「何時間も」という期間を示す副詞句があるので、現在完了時制が適切です。よって(D)が正解です。
[訳] このファンの人々はうんざりしているにちがいない。この雨の中、何時間も待っているんだから。

Dragon English 064 時制

破線部に入れるのに適切なものを1つ選べ。

I ------ you last night, but I was too busy.

- (A) have to telephone
- (B) must have telephoned
- (C) should have telephoned
- (D) should telephone

● have+過去分詞形なのに現在完了でないことってあるの？

あります。次の3つの場合には、現在完了とは限りません。

1. 助動詞(must / cannot / mayなど)+have+過去分詞形

2. having+過去分詞形 (動名詞、分詞、分詞構文)

215

3．to have＋過去分詞形

【例1】 The singer seems to have lived here for ten years.
「その歌手は10年間ここに住んでいるようだ」

【例2】 The singer seems to have met John ten years ago.
「その歌手は10年前ジョンと会ったようだ」

［例1］の〈have＋過去分詞形〉を現在完了時制と考えることも可能ですが、［例2］は無理です。現在完了時制はten years agoのように過去を示す副詞句と共に使うことはできないからです。この場合の〈have＋過去分詞形〉は「中心の動詞より『以前』であることを示すための働き」です。「時制をずらすhave＋過去分詞形」とも言えるかもしれません。

【例3】 The ground is wet. It must have rained at night.
「地面が濡れている。夜の間に雨が降ったに違いない」

この〈have＋過去分詞形〉も「時制をずらす働き」です。助動詞の後に過去形は置けないので、仕方なく

●「時制のズレ」は必ず have を使って補正するの？

その必要がない場合もあります。

【例4】I regret having said such a rude thing to her yesterday.
「昨日、彼女にそんなひどいことを言ったことを後悔している」

この〈have＋過去分詞形〉も「時制をずらす働き」です。regret「～を後悔している」のは現在ですが、「ひどいことを言った」のは過去ですから、その時間のズレの調整をこの〈have＋過去分詞形〉が行うのです。

ただしI regret「私は後悔している」と言った段階で過去のことを言うのは明らかなので、I regret saying such a rude thing to her yesterday.で済ますこともあります。

設問の解説

正解：(C)

last night「昨夜」とありますから、過去の話だとわかります。よってまず(A) (D)「電話すべきだ」が消えます。後半の記述から(B)「電話したに違いない」も消えます。以上から(C)「電話すべきであったのに」を選びます。have telephonedだけ見ると完了形ですが、これは「時制をずらすhave＋過去分詞形」です。

[訳] 昨夜あなたに電話すべきだったのですが、とても忙しかったのです。

065 時制

破線部に入れるのに適切なものを1つ選べ。

By the time the 2002 World Cup was held, soccer ------ already become a leading sport in Japan.

(A) had
(B) has
(C) was
(D) is

● 「過去完了」って何？

〈had＋過去分詞形〉を過去完了と言います。「大過去」という人もいます。名前は現在完了に似ていますが両者は無関係だと思っておいたほうがいいでしょう。過去完了時制は、文中の「ある過去の出来事」よりも、前に生じたことを明示するための時制です。

【例1】 Last month I <u>lost</u> the watch I <u>had bought</u> last year.

219

「昨年買った時計を先月なくしてしまった」

　この例の時の流れは「時計を買った」→「時計を失った」のはずですが、文の順序が逆ですね。こんな場合に過去完了時制を使って時制の混乱を解消するわけです。

【例2】 Last year, I bought a watch, but last month I lost it.
　　　　「昨年、時計を買ったのですが、それを先月なくしました」

　この例では時の流れと文の順序が一致しています。このような場合には過去完了時制を使う必要はありません。

　過去完了時制とは、あくまでも「時制の誤解が生じることを防ぐための時制」である、と覚えておいてください。

【例3】 It started to snow after we got to school.
　　　　「私たちが学校に着いた後、雪が降りだした」

　この例の時の流れは「学校に着いた」→「雪が降りだした」ですから、文の順序が逆ですね。でもafterが時の順序を明確にしますから、過去完了時制を用いる必要はありません。

Part 04 時制・助動詞・仮定法

● 過去完了時制は単独で使わないの？

過去完了時制は「文中のある過去より前」であることを示すための時制ですから、原則的に過去時制の動詞と共に使われます。

ただし例外もあります。たとえば〈had＋意図・予定を表す動詞の過去分詞形〉。この形は、「だめだった」を意味する過去時制の文を敢えて省略することによって、「やろうと思っていたけど」という余韻のある文にする時に使われます。

【例4】I had intended to join the club.
「そのクラブに入ろうと思っていたんだけど」

設問の解説

正解：(A)
この文のby the timeは「～までには」という意味の接続詞です。by the timeの中の時制が過去ですから、主節の時制は過去完了にします。よって答えは(A)です。なお主節は、soccer already became...と過去時制にしても大丈夫ですが、alreadyという副詞は完了時制と相性がいいことも覚えておいてください。

[訳] 2002年のワールド・カップが行われるまでには、サッカーはすでに日本では主要なスポーツになっていた。

221

Dragon English 066 時制

破線部に入れるのに適切なものを1つ選べ。

"Did you know that Albert Einstein, the famous physicist, ------ meat?"
"Yes, if my memory serves me right, he became a strict vegetarian one year before he died."

(A) hadn't stopped eating
(B) has been stopped from eating
(C) has stopped eating
(D) stopped eating

● 「時制の一致」って何？

「ジョンは私に愛していると言った」日本語を母語とする人ならば、この日本語に何の違和感もないと思います。でもよく考えてくださいね。「愛している」は現在時制で、「言った」は過去時制。2つの動詞の時制がズレています。でも2つの動詞に時間的な隔たり

222

があるのかというとそうではない。2つの動詞は同時制のはずです。おかしいでしょ。このような言語は世界的に見ると少数派に属します。

　John <u>told</u> me that he <u>loved</u> me.英語のほうを見てみましょう。toldが過去時制でlovedも過去時制で時制が一致しています。日本語とは違いますね。このように動詞の時制を中心の動詞の時制に合わせることを「時制の一致」というわけです。もし日本語で「時制の一致」をするとどうなるでしょうか？　「ジョンは私に<u>愛していた</u>と<u>言った</u>」とすると、とても悲しい話になってしまいますね。日本語では、「時制の一致」をさせると、時制のズレが生じてしまうのです。

●「時制の一致の例外」って何？

「時制の一致の原則」を徹底的にマスターして欲しいと思っていますが「時制の一致の例外」も存在します。

【例1】 The company announced that it would[will] take drastic measures to increase productivity.
「その会社は生産性の向上のために抜本的な手段に出ると発表した」

この例では、もし、「抜本的な手段が既に打たれている」のならば「時制の一致」でwouldとしますが、「(現在にいたっても)まだそのような手段が打たれていない」ならwillです。

【例2】 Galileo Galilei found that the earth revolves around the sun.

「ガリレオ・ガリレイは地球が太陽の周りを回っていることを発見した」

「地球が太陽の周りを回っている」とは、現在にも通じる真理ですから、「時制の一致」を適用しなくても構いません。

設問の解説

正解：(D)
中心の動詞がDid you know...? と過去時制ですから、少なくとも現在完了形の(B) (C)は消えます。さらに(A)では文脈に合いません。よって(D)が正解だとわかります。なお、「今では知っているとは思うが」ということを前提に質問する場合に、Do you know? ではなくてDid you know? を使います。I forgot.「(忘れていたが)思い出したよ」も同じですね。
[訳]「有名な物理学者のアルバート・アインシュタインは肉を食べるのを止めていたの知ってた？」
「うん。私の記憶が正しければ、死ぬ1年前に厳格な菜食主義者になったはずだよ」

067 時制

破線部に入れるのに適切なものを1つ選べ。

After Thomas Electric Company -------
its new factory in China, production
will increase by 50%.

(A) construct
(B) is constructed
(C) has constructed
(D) will be constructing

● 「未来を示す時・条件の副詞節の時制」 って何?

【例1】 Please lock the door when you leave [×will leave].
「出て行く時には玄関に鍵をかけておいてね」

【例2】 Take an umbrella with you in case it rains [×will rain].
「雨が降る場合に備えて傘を持っていきなさい」

225

上例のように、「時」や「条件」を示す接続詞が用いられると、たとえ未来のことでもwillを入れないのが普通です。

【例3】I am wondering when Bill <u>will return</u> [×returns] my book.

　　　「ビルは僕から借りた本をいつ返してくれるんだろう」

　この例は、「未来を示す時・条件の副詞節」ではありません。このwhenは「〜な時」という意味ではなく、「いつ〜？」という疑問詞です。

【例4】The man decided to wait at the station until his wife <u>came</u> [×comes].

　　　「その男は、妻が来るまで駅で待つことにした」

　この例は、中心の動詞decidedが過去形ですから、たとえ「未来を示す時・条件の副詞節」でも「時制の一致」により過去形にします。

●「未来を示す時・条件の副詞節の時制」ってなぜ will は不要なの？

「未来を示す時・条件の副詞節の時制」は、昔々は名詞＋原形不定詞という形でした。これは主語のついた一種の命令文です。

Part 04 時制・助動詞・仮定法

【例5】 *If it <u>be</u> sunny tomorrow, we will go to his place.

「明日晴れたら、彼の所に行こう」

［例5］を直訳すると「空よ！　明日晴れたまえ。そうすれば私たちは彼のいる所まで行こうぞ」という感じですね。この形が長年の使用のために、変形して現在の形If it <u>is</u> sunnyになったわけです。未来のことを表しているのにwillが入らないという形は、このように作られました。

【例6】 If you <u>have not received</u> the book by tomorrow, please let us know.

「その本が明日までに着かない場合には連絡をください」

また、動作動詞の場合には［例6］のように、現在完了時制を用いることも可能です。これは「完了」の気持ちを前面に出すためです。

設問の解説

正解：(C)

主節がwill increaseですから、after ～は「未来を示す時・条件の副詞節の時制」です。よって、現在形か現在完了形を選びます。まず(D)は消え、受動態の(B)も消えます。(A)は「3人称単数現在」のsがないので不可。以上から(C)が正解です。

[訳] トーマス電気の中国での新たな工場が建設されれば、生産量が50%増える。

068 時制

破線部に入れるのに適切なものを1つ選べ。

I recommended that you ------- the professor.

(A) had seen
(B) were seen
(C) should see
(D) would see

● that 節の中の動詞が原形不定詞になる場合って？

「要求・決定・命令・提案・主張」の意味の動詞の目的語となるthat節の中は、〈主語＋原形不定詞〉となります。これは「未来を示す時・条件の副詞節の時制」のかつての形と同様に、一種の命令文です。

【例1】 We suggested that the plans <u>be</u> changed.
「その計画は変更してはどうかと言った」

［例1］のthat節は主語のついた命令文で「その計画

よ！　変更されよ！」という意味あいですね。demand ～「～を強く要求する」、decide ～「～を決定する」、suggest ～「～を提案する」、propose ～「(公式に) ～を提案する」、recommend ～「～を推薦する」などの動詞も同様です。すべてthat節内に「こうすべきだ」という内容の文がくる場合にはthat節内に〈主語＋原形不定詞〉という形がきます。また、これはIt is important that S V「これからＳＶするのが重要だ」にも適用されます。

【例2】It is important that he stay ［×stays］ here.
「彼がここにいることが大切なんだ」

　面白いのは、「未来を示す時・条件の副詞節」の中では、この〈主語＋原形不定詞〉はもはや使われなくなりましたが、前ページの動詞のあとにくるthat節内では今でもこの形が使われていることです。

　また、〈主語＋原形不定詞〉という形に違和感があったためかshouldを補うこともあります。これは「未来を示す時・条件の副詞節」内でも同様です［参照→270ページ］。

Part 04 時制・助動詞・仮定法

● suggest とか insist の後は必ず、特殊な形になるの？

suggestやinsistが「未来の事柄に対して〜すべきだ」という文では、上記の時制が適用されますが、そうでない場合は普通の時制です。

【例3】 The man insisted that he <u>was</u> a student.
「その男は、自分が学生だと言い張った」

【例4】 His attitude suggested that he <u>was</u> bored.
「彼の態度は彼が退屈していることを示唆していた」

［例3］［例4］は、that節の内容が未来の話ではありません。

設問の解説

正解：(C)
recommend 〜「〜を推薦する」という動詞の目的語にくるthat節内は必ず、原形不定詞あるいはshould Vの形にします。よって(C)が正解。
[訳] 君が教授に会うことを私は薦めたんだ。

Dragon English 069 時制

破線部に入れるのに適切なものを1つ選べ。

"Have you seen Yuko recently?"
"No, but ------- dinner with her on Sunday."

(A) I'm having
(B) I've been having
(C) I'd have
(D) I've had

● be going to(V)=will でいいの？

違います。be going to (V) は、その場の思いつきではなく、すでに決まっている「未来のこと」に対して使います。「すでに決まっている」といっても、途中で変更される可能性はゼロではありません。

【例1】I hear Jill is going to resign next month.
「ジルは来月辞める気でいるらしいね」

ですからbe going to (V) は、soon / somedayな

どの曖昧な副詞ではなくて、大抵on Sundayとかnext monthなどの明確な時の副詞と共に使われます。

何かの兆候が感じられ「すでに始まっている感じ」の場合もbe going to (V) が使われます。進行形の拡大解釈ですね。

【例2】 It looks like there is going to be a blizzard tonight.

「今夜は猛吹雪になりそうだ」

「時・条件の副詞節」の中でも使えます。

【例3】 If you are going to visit him, could you take me there?

「彼の所に行くことが決まっているなら、私も行っていい?」

● will はどう使うの?

基本的には、「未来」のことを表すか、「推測」に使われます。

【例4】 My new novel will surprise you.

「私の今度の小説はあなたを驚かせるでしょう」

主語がIやweの場合、「その場の思いつきによる未来」を表します。「じゃあ、今から〜」という感じで

すね。たとえば、「転送先の住所を教えるね」ならI will give a forwarding address.となります。

● 現在形でも未来を表すの？

動作動詞の現在形は「習慣的行為」でしたね[参照→206ページ]。ですから、「暦や時刻表などで予め決まっているもの」つまり「毎日あるいは毎月繰り返されているような行為」については未来のことでも現在形が使えます。

【例5】**The bank opens at 9:00.**
「その銀行は9時に開きます」

設問の解説

正解：(A)
破線部の前にNo, butとあるので、現在完了形の(D)と現在完了進行形の(B)は消えます。後半にはon Sundayという明確な日時が示されているので(C)I'd=I wouldでは適しません。そこで確定未来の(A)を選びます。
[訳]「最近、ユウコ見た？」
　　「ううん。でも日曜日に一緒にご飯を食べることになってる」

234

070 助動詞

破線部に入れるのに適切なものを1つ選べ。

Do not go too far out from the shore in that small boat. -------

(A) It cannot be in danger.
(B) It could be dangerous.
(C) You would not be dangerous.
(D) You would be out of danger.

● could は can の過去形？

現在では、couldとcanは別々の助動詞です。swamとswimのように過去形と現在形の関係ではありません。

shouldを見て、過去形に見える人はまずいないと思います。それと同様に、couldを見て過去形に見えているようでは大変危険です。couldは元は、canの過去形だったのですが、今ではcanとは異なる助動詞です。

235

	ルーツ	普通の意味
should	shallの過去形	〜すべきだ
could	canの過去形	〜かもしれない
would	willの過去形	〜だろう
might	mayの過去形	(ひょっとすると)〜かもしれない
ought to	oweの過去形	〜すべきだ

● Could you...? は、なぜ「丁寧表現」なの？

　couldは、canよりも可能性が低いと話者が判断した場合に使われます。「その可能性は何パーセントならcanで、何パーセントならcouldですか？」と尋ねられることがありますが、すべては話者の主観です。ですから助動詞の正式名称は「法助動詞（modal verb）」といいます。「法（mood）」とは「話者の気分」のことなのです。

[例] Mike believes that Japanese people could learn a lot from the disaster.

「その災害から日本人は多くのことを学ぶかもしれないとマイクは思っている」

この文でcanを用いることは可能です。でもそうすると、非常に押しつけがましい文になってしまいます。couldを使うことで、「もしかしたら」という気持ちが入り、結果的に丁寧な言い方になるわけです。だから、人にものを頼む時にはCould [Would] you...? として「無理かもしれませんが、できれば〜してもらえませんかね」という感じを出すことで、丁寧な言い方になるわけです。

設問の解説

正解：(B)
「沖合に行ってはダメ」と書いてありますから、「危険だよ」が正解になることは明らかですね。よって「危険ではない」という方向の(A) (C) (D)は消えます。答えは(B)です。「行かないとは思うけど、もし行けば危険になる可能性があるよ」という意味ですね。
[訳] そんな小さな船では、あまり沖合へ行ってはダメ。危ないよ。

Dragon English 071 助動詞

> 破線部に入れるのに適切なものを1つ選べ。
>
> My husband ------ not give up smoking, although I told him to many times.
>
> (A) must
> (B) need
> (C) should
> (D) would

● could は過去でも使えると思うけど？

それは、shouldでもought toでも同じです。236ページの表に挙げた助動詞はすべて、ある特殊な条件が整えば過去の意味でも使います。couldの場合は次のような条件です。

1. 否定文 ※過去を明示するものが必要

【例1】I ran fast, but I <u>could not</u> catch the 11 o'clock train.

「速く走ったが、11時の電車に間に合わなかった」

2．過去の能力 ※過去のある一定期間を示すものが必要

【例2】When I was in high school, I <u>could</u> do more than fifty chin-ups.
「ハイスクールの頃は、懸垂を50回以上できた」

3．間接話法などの時制の一致によるもの

【例3】I told him that I <u>could</u> lend him my car.
「車を貸してもいいよと私は彼に言った」

4．could＋see / hear / understandなどの状態動詞と共に ※過去を明示するものが必要。see / hearなどは進行形を作らないので進行形の代用。

【例4】At that time, I <u>could</u> hear the door rattling.
「その時、戸がパタンパタンというのが聞こえてきた」

これ以外でcouldを過去の意味で使うことはありません。

【例5】I ran as fast as possible and caught［×could catch／○managed to catch／○was able to catch］the last bus.
「懸命に走ったので最終のバスに乗れた」

239

● would はどう？

やはり、普通は過去の意味では用いませんが、下のような例外があります。

1．強い意志　※過去を示すものがある＋否定文

【例6】I asked Jim to stop, but he <u>would</u> not do it.

「私はジムにやめるように頼んだが、拒否された」

2．過去の習慣的行為　※過去のある一定期間を示すものがある

【例7】When I was in college, I <u>would</u> often sit for hours doing nothing.

「大学の頃、何もせず何時間も座っていることがよくあった」

3．間接話法などの時制の一致によるもの

【例8】I told him that I <u>would</u> go swimming.

「泳ぎに行くよ、と私は彼に言った」

Part 04 時制・助動詞・仮定法

設問の解説

正解：(D)

後半の意味を考えると、(A) must、(B) need、(C) should では意味が通じません。以上から(D)を選ぶことになります。このwouldは例外的なwouldで、「過去の強い意志」を示す働きです。

[訳] 夫に何度も煙草をやめるように言ったのに、頑としてやめなかった。

072 助動詞

破線部に入れるのに適切なものを1つ選べ。

"I don't see Fred. I wonder why he's late."
"Well, he ------ his train, or maybe he overslept."

(A) might have missed
(B) might miss
(C) should have missed
(D) should miss

● 〈助動詞＋have＋過去分詞形〉って何？

I swim every day.を過去の意味にするためには、swimを過去形にして、I swam every day.とすればいいですね。ではTom should go there.「トムはそこへ行くべきだ」を過去形にするにはどうすればいいでしょうか？ shouldは、本来shallの過去形ですから、これ以上形を変えるわけにはいきません。また、〈助

動詞＋原形不定詞〉と決まっていますから、should＋過去形とすることはできません。よって、仕方なく「時制をずらすhave」を用いて〈should have＋過去分詞形〉という形にするわけです。「仕方なく作られた形」というのがポイントですね。

【例】 You <u>should have apologized</u> to her soon after the party.

「君はパーティの後すぐに彼女に謝るべきだったのに」

215ページで述べた通り、この〈should have＋過去分詞形〉は、現在完了形とは異なります。ですから〈should have＋過去分詞形〉は過去を示す副詞句ten years agoなどと一緒に使うことも可能です。

●〈助動詞＋have＋過去分詞形〉って、すべての助動詞に使えるの？

残念ながら使えません。以下の通りです。

1. must have＋過去分詞形
   〜したに違いない　※否定形なし
2. cannot have＋過去分詞形
   〜したはずがない　※肯定形なし
3. may［might］have＋過去分詞形

～したかもしれない　※否定形あり
4. should have＋過去分詞形
　　～すべきであったのに　※否定形あり
5. ought to have＋過去分詞形
　　～すべきであったのに　※否定形あり
6. need not have＋過去分詞形
　　～する必要などなかったのに　※肯定形なし

　5、6は現在はあまり使いません。これ以外にもcould [could not] / might [might not] / would have＋過去分詞形がありますが、仮定法の項で扱うことにします。

設問の解説

正解：(A)
「列車に乗り遅れたのかもしれない」という意味ですから過去の話です。よって(B) (D)が消えます。また(C)では「乗り遅れるべきだったのに」という意味になり不可。以上から(A)が正解です。might have＋過去分詞形はmay have＋過去分詞形よりやや弱い推量表現です。

[訳]「フレッドがいないね。なぜ遅れているんだろ」
　　「うん。いつもの電車に乗り遅れたのかもしれないし、寝過ごしたのかもしれないね」

073 助動詞

破線部に入れるのに適切なものを1つ選べ。

"Jane won't be able to attend the party tonight? Why not?"
"She says her son's caught a cold and she ------- care of him."

(A) must be taking
(B) must have taken
(C) will be taking
(D) will have been taking

● must と have to はどう違うの？

この疑問を英米人にぶつけると、多くの場合「交換可能だよ」と言われ、さらには「日本人の英語教師は、何でも『意味に違いがある』といって、その違いを教えたがる」と批判されます。must と have to も、多くの場合には交換可能なのです。それはそうとして、基本的な意味の違いは押さえておきましょう。

have toは、外的要因により「(仕方なく)〜しなければならない／〜する必要がある」という意味で、mustは、内的要因(自分の意志)により「〜しなければならない」という意味です。「宿題をしなければならない」は、have toを用いると「単位をとるためには／先生に叱られないように」という外的な要因を示唆する表現になり、mustを用いると「僕も自分の主義として宿題をするんだ」という感じになります。

では「歯が痛いので歯科医に行かねばならない」はどちらでしょうか。これはmustを使うのが普通です。歯科医に行かなくても、外部の誰かにとやかく言われることはないですね。なおshouldは、人にアドバイスをする時に使う単語です。

● must は「違いない」という意味？

This story must be true.は「この話は本当でなければならない(と私は思う)」という意味で、意訳すると「この話は本当に違いない」となります。mustに2通りの意味があるというよりも、直訳と意訳の違いという感じですね。また、未来の推量にmustを使うことはできません。

Part 04 時制・助動詞・仮定法

【例1】There <u>must</u> be something wrong with this computer.

「このコンピュータはどこか不具合があるに違いない」

この例では、「どうもおかしい。このコンピュータに不具合がなければ説明がつかない」という感じですね。

ただしmust notは「〜してはいけない」の意味にしか使えません。「〜でないに違いない/〜なはずはない」はcannotを用います。

【例2】This cannot be the right bus. We had better get off.

「このバスで合っているはずないよ。降りたほうがいい」

設問の解説

正解：(C)

文脈から未来の話をしていることがわかります。よって過去の言及の(B)は消えます。また(D)のような未来完了進行形の場合にはfor one yearといった期間を表す副詞句などが必要です。日本語の「〜に違いない」は、未来のことでも使えますが、英語のmustは未来の「〜に違いない」には使えません(will surelyなどを用います)。よって(C)が正解となります。

[訳]「ジェーンは今晩のパーティに出席できないんだって。なぜ？」
「ジェーンの話では、息子さんが風邪を引いたから、面倒を見ることになるらしい」

Dragon English

074 助動詞

破線部に入れるのに適切なものを1つ選べ。

"Can't you get the video to work? I bet you didn't read the instructions."
"You're wrong. I ------ read them! I just don't understand what the problem is."

(A) did
(B) didn't
(C) had
(D) hadn't

● 注意すべき助動詞 do の用法を教えて

1. 動詞の直前に置かれて動詞を強調する働き

But I did tell you.なら「だけど、言ったじゃないか！」という意味です。notと共に用いる場合にはdo not / does notの語順ですが、neverと共に用いる場合には語順が逆になります。

【例】 I never did [×did never] like him.

248

「私は彼をいいなと思ったことは一度もなかった」

なお否定のdo not / does notは昔は存在せず、notを文末に置きました。forget-me-not「わすれな草」がその名残です。

2．命令文の強調として使われる

Love me.を強調すると、Please do love me. Do please love me. Love me, do. の可能性があります。"Love me do"はビートルズの曲で有名ですね。

3．be動詞の命令文の否定に用いる

普通、be動詞の前にdo / doesを置くことはありませんが、命令文の場合は例外です。「怖がるな」ならDo not be afraid. です。

4．語調を整える

So do I.「私もです」のdoは、それ自体が意味はなく、語の調べを整えるためのものです。別の言い方をすれば「語調を整えるための助動詞」です。これは、Yes, I <u>do</u>.などの代動詞（動詞の代わりをするもの）とは異なります。

● 動詞 do の注意すべき用法はあるの？

1．will do で「間に合う、役に立つ」の意味

Anything will do.とは「(もしあるならば) どんなものでも間に合います」という意味です。Anything will be OK.でも同じ意味です。

2．一部の目的語を伴って「〜を与える」の意味

「一部の目的語」とは、good「利益」、harm「害」、a favor「好意」、damage「損害」です。do more harm than goodは「百害あって一利なし」が定訳です。

設問の解説

正解：(A)

文脈から「読んだ」という意味になることがわかり、否定形の(B)(D)は消えます。(C)にすると、過去完了ですから、「文中のある過去」より前の時制を表すことになります。ところが「文中の過去」が「読まなかった」しかないため、「読まなかったより前に読んだ」という意味不明の文となります。よって強調の助動詞の(A)が正解となります。

[訳]「ビデオがうまくいかないの？ 説明書を読んでないんでしょ」
　　「ちがうよ。本当に読んだよ。何が悪いのかがわからないんだ」

075 助動詞

破線部に入れるのに適切なものを1つ選べ。

I ------- go to the seaside this summer. I have had enough of the mountains.

- (A) rather
- (B) would rather
- (C) prefer
- (D) would prefer

● would rather V ってどうなっているの？

〈S would rather V₁ than V₂〉「V₂よりV₁したい」のratherは元は、*rathe「早く」の比較級でした。今では原級のratheは使われませんが、比較級のratherは生き残ったわけです。よって、〈S would rather V₁ than V₂〉を直訳すると「V₂より早くV₁するだろう」となり、これが転じて「V₂よりV₁したい」となったわけです。

251

【例1】 Jim <u>would rather</u> spend money <u>than</u> put it in the bank.
「ジムは銀行に預金するより使ったほうがよいと思っている」

頻度は低いですが〈S would sooner V₁ than V₂〉も同じ意味です。rather≒soonerなので納得できますね。

【例2】 Nancy <u>would sooner</u> share a house with me <u>than</u> live at home with her parents.
「ナンシーは自宅で親と一緒に暮らすよりも私と一軒家を共同で借りたいと思っている」

また〈would rather S V〉の形で使うこともあります。これは、wouldが元は「望む」という意味の動詞であった頃の名残です。このSVには仮定法が適用されます。〈wish S V〉と同じと考えればいいでしょう。

【例3】 I would rather you did not smoke here.
「ここではできればお煙草を控えて頂きたい」

● had better V は、どうなっているの？

このhadは古い英語のwouldと同じ意味です。ですからhad betterの後ろは原形不定詞になるわけです

ね。現在では、「もしそうしなければ、とんでもないことになる」という文脈で使われることが多いようです。主に口語体で用います。その場合、hadを省くこともあります。

【例4】You look very tired this morning. You had better go to bed early tonight.

「今朝は疲れた顔をしているよ。今日は早く寝たほうがいい」

否定形は〈had better not＋原形不定詞〉でnotの位置に要注意です。

設問の解説

正解：(B)

preferはtoが必要で、would ratherはratherだけでは使えません。よって、(B)が正解となります。would prefer to (V) は、wouldをつけずにprefer to (V) だけだと、「(一般論として) Vのほうがしたい」という意味です。なおpreferは、pre-「先に」＋ -fer「持ってくる」ですから、語源的にもwould ratherと似ています。

[訳] この夏はできれば海辺に行きたい。山はもうウンザリだ。

Dragon English 076 仮定法

破線部に入れるのに適切なものを1つ選べ。

" ------ all right if I came again some other time?"
"Of course. Just give me a call before you come."

(A) Is it
(B) Was it
(C) Would it be
(D) Will it be

● 「仮定法」って「事実の逆」なの？

そうとは限りません。仮定法は、法助動詞「気分を示すための助動詞」を用いた「仮定の気分」を示すための時制です。英語では「起こるかもしれないこと」と、「起こる可能性が薄いこと」を表すときに時制を変えます。仮定法は、〈If S'＋過去形（be動詞はwere), S would / could / might V.〉という形を用い

254

ます。would / could / mightを用いることによって、可能性が低いことを示します。これを理解するには、would / could / mightが「過去形」に見えていてはいけません［参照→235ページ］。

【例1】**If it <u>is</u> sunny tomorrow, <u>shall</u> we play baseball?**

「明日もし晴れたら野球をしようよ」

【例2】**I <u>would</u> appreciate it if you <u>could</u> lend me some money until tomorrow.**

「明日までお金を少し貸してくれるとありがたい」

【例3】**If I <u>were</u> you, I <u>would</u> not buy such an expensive watch.**

「私なら、そんな高い時計は買わないけど」

［例1］は、「起こるかもしれない」と話者が考えているなら仮定法は使いません。［例2］は、話者が「起こる可能性が薄い」ということを示して仮定法が用いられています。実際には「起こりうること」かもしれませんが、仮定法を用いることで「貸すのは難しいかもしれないけど」という謙虚さを示すわけです。このように仮定法は丁寧表現にはぴったりですね。
［例3］は「私があなたなら」は、明らかに事実に反

255

します。こんな場合にも仮定法を用います。

つまり、仮定法とは話者、筆者が可能性が低いと主観的に判断した場合に使われる時制で、客観的事実とは関係がないのです。

● 仮定法の if 節内の be 動詞はなぜ were なの？

現在の英語のbe動詞は、古英語を起源に持つbe / being / been、方言から出来たam / are / is、現在では使われない古い動詞*wesan「留まる」から出来たwas / wereから成ります。元々現在形であったwereが様々な変遷を経て、仮定法で使われるようになったのです。面白いですね。

設問の解説

正解：(C)
会話の内容から過去の話ではなくて未来のことを話していることがわかります。ところがif節の中が過去形になっています。このことから、この文が仮定法過去（if節内が過去形なのでそう呼ばれている）を用いているとわかりますね。よって、would / could / mightの入った文を選べばいいわけですから(C)を選ぶことになります。
[訳]「いつかまた来てもいいでしょうか？」
　　「もちろん。来る前に電話してね」

077 仮定法

破線部に入れるのに適切なものを1つ選べ。

"I couldn't finish my homework yesterday."
"If you ------- me, I would have helped."

- (A) had asked
- (B) have asked
- (C) should ask
- (D) would ask

●「仮定法過去完了」って何？

「仮定法過去完了」は、昔のことに対して「もし〜だったら、…だったのに」という場合に使います。だから、仮定法過去〈If S'＋過去形, S would / could / might V.〉を1つ前の時制に変形すればいいのです。If S'＋過去形、の1つ前の時制は、もちろん「過去完了」です。では、would / could / might V の1つ前の時制はどうでしょうか？ would / could /

mightは、元は過去形ですから、これ以上変形の仕様がありません。よって、ここで登場するのが「時制をずらすhave」です。would / could / mightVを1つ前に時制をずらすためには、助動詞の部分は変形のしようがないので、Vをhave＋過去分詞形にするわけです。よって、仮定法過去完了は、〈If S' had＋過去分詞形, S would / could / might have＋過去分詞形.〉となります。

●「仮定法過去完了」って事実の反対？

はい。「仮定法過去」は、「気分」を示すための時制で、「起こるかもしれないこと」と、「起こる可能性が薄いこと」を表すために用いられます。守備範囲は「現在」あるいは「未来」です。一方、守備範囲が「過去」の場合には、「仮定法過去完了」という形を用います。昔のことですから、既に事実が確定していて、それに対して「過去の事実の逆」のことを述べる時に用いられます。

【例1】 Mike was badly injured in the accident. If only he had left home five minutes earlier, he would not have been involved in it.

Part 04 時制・助動詞・仮定法

「マイクはその事故で大けがをした。もし5分早く家を出ていたら、事故に巻き込まれなかったのに」

なお、「昔〜なら、今…なのに」という変則形もあります。これはTOEICテストなどではまず見かけないパターンです。

【例2】If you had taken my advice, you would not be in such trouble now.

「私の忠告に従っていたら、今頃そんなに困っていないのにね」

設問の解説

正解：(A)
まず、最初の発言から過去の話をしていることがわかります。この過去について事実と逆のことを述べるためにif節内を仮定法過去完了（if節の動詞の形が過去完了形だからそう呼ばれる）にします。この条件を満たす選択肢は(A)です。
[訳]「昨日、宿題を終えることができなかったんだ」
　　「もし言ってくれたら手伝ったのに」

259

Dragon English 078 仮定法

> 破線部に入れるのに適切なものを1つ選べ。
>
> I was very tired. Otherwise, I ------ to the party with you last night.
>
> (A) had gone
> (B) went
> (C) would go
> (D) would have gone

● otherwise って何？

otherは「他の」、wiseはwayの意味（clockwise「時計回りで」、counterclockwise「反時計回りで」）ですからotherwise＝in another way「他の方法で、他の点で」と考えればOKです。

【例1】 You must leave now; <u>otherwise</u>, you will be late for your social studies class.
「今すぐ出かけなさい。そうでないと社会学の授業に遅れるよ」

260

【例2】The kitchen is a bit small. <u>Otherwise</u>, this apartment is wonderful.
「台所は少し小さい。その他の点ではこのマンションは素晴らしい」

　私が20歳ぐらいの頃、父とカリフォルニアのゴールデンゲートブリッジ（金門橋）へ行ったことがありました。夕暮れ迫るバス停で、どのバスに乗っていいかわからなくて途方に暮れていました。たまたま通りかかったご婦人にバスのことを聞いたら親切に教えてくださいました。ひとしきり説明した後にOtherwise, you can take this bus.「もしそうでなければ、このバスでもいいよ」とご婦人が言ってくれた時、「otherwiseだ！」と父と感激したことを覚えています。

● otherwise って仮定法でも使えるの？

　はい、使えます。

【例3】I am very busy now. <u>Otherwise</u>, I would go shopping with you.
「今とても忙しい。そうでなければ買い物につきあうよ」

　この文のOtherwiseをifを用いて書き換えるとIf I were not very busy now,となります。いちいちif 〜

と書かなくても済むので便利ですね。

【例4】 This machine can do many tasks that would otherwise be too costly or too time-consuming.

「この機械は、普通に行えばコストがかかりすぎたり、時間がかかりすぎたりする数多くの仕事をしてくれます」

otherwiseは副詞としての用法が基本で、[例4]のように助動詞の直後に挿入されることもあります。このotherwiseはwithout this machine「もしこの機械がなければ」という意味です。

設問の解説

正解：(D)
「もしそうでなければ」というのは、直前の「とても疲れていた」を受けたものですね。ですから「もしとても疲れていたということがなければ」という意味だとわかります。これから「過去の事実の逆」を示す仮定法過去完了を用いるとわかります。(D)が正解。
[訳] 私はとても疲れていたんだ。もしそうでなければ、昨夜君とそのパーティに行ったのにね。

079 仮定法

破線部に入れるのに適切なものを1つ選べ。

"I like my job, but I wish I made more money."
"Me too. If I ------, I could buy a new car."

(A) did
(B) do
(C) had
(D) have

● 仮定法って必ず if が要るの？

必要ありません。if節は「主語」や「副詞（句）」で代用されることもよくあります。

【例1】 The prime minister continues to argue that higher wages would cost jobs.

「首相は賃金を上げることによって仕事が減ると主張し続けている」

この文ではhigher wagesがif節の代わりをしています。

　また仮定法のif節だけを独立させて用いることがあります。ただし必ずonlyをつけて、！もつけます。「1億円持っていれば」とつぶやいて後は黙ってしまう、というのは日本語でも英語でもＯＫのようです。

【例2】<u>If only</u> I had one hundred million yen!
　　　「1億円あればな」

　あるいは、If onlyの代わりにI wishとすることもあります。この場合には！は要りません。

【例3】<u>I wish</u>（that）I had one hundred million yen.
　　　「1億円あればな」

　昔のことを述べる場合には、〈I wish S had＋過去分詞形〉の形をとります。未来のことを述べる場合には〈I wish S would V〉の形になります。＊If S' <u>would</u> V', S V という形がおかしいことを考えれば、これは後の時代にできた表現だと推測されます。

【例4】<u>I wish</u>（that）our boss would stop nagging like that.
　　　「ボスがあのようにガミガミ言うのを止めてくれればいいのに」

Part 04　時制・助動詞・仮定法

● It is time S＋過去形って何？

*If you went to bed now, you would be a nice boy. の、if節の中だけを取り出して、It is timeをつけたのが

【例5】**It is time** you went to bed now.
　　　「寝に行く時間だよ」

という形です。本当なら寝に行く時間なのに、まだ行っていない時に使う表現です。It is time to go to bed now.と言っても同じような意味です。

設問の解説

正解：(A)
最初の発言から仮定法だとわかります。よって、If I made more moneyあるいはIf I had more moneyの省略形だとわかります。いずれの場合も、省略形はIf I didであって、If I madeとかIf I hadではありません。If I hadという形は存在しますが、それはIf I had＋過去分詞形から過去分詞形が省略された形です。
[訳]「今の仕事は好きだけど、もっとお金を稼ぎたいね」
　　「私も。もしもっと稼げたら新車を買うのに」

265

Dragon English 080 仮定法

破線部に入れるのに適切なものを1つ選べ。

If it were not for the rain, we ------- hiking today.

(A) can go
(B) would go
(C) may well go
(D) were able to go

●「〜がなければ」って、if there were no 〜ではダメなの？

まず、一般に「〜がある／ない」というのはThere is / are 〜 . を使いますが、その場合には「どこに」を示す副詞（句）を付加するのが普通です。

【例1】 Is there any Chinese restaurant <u>in this hotel</u>?
「このホテルには中華料理店がありますか？」

これは仮定法にも当てはまります。よって「水がなければ」という文にthere is / are構文を用いる場合

には、場所の副詞（句）を補って、たとえばIf there were no water in the world / in this well,「世界に／この井戸に水がなければ」というようにします。文脈上明らかな場合には副詞は省略できますが、原則的には場所の副詞（句）が必要です。

それに対して、「～がなければ」の意味の慣用表現である〈if it were not for ～（仮定法過去完了ではif it had not been for ～：notの位置に注意)〉は、場所の副詞（句）がなくても使えるところが特徴です。

【例2】 If it were not for seasonal changes, our lives would be boring.
「季節の変化がなければ、我々の生活は退屈だろう」

● if it were not for ～がどうして「～がなければ」に？

itは「現実」を表し、forは「理由」を示します。

【例3】 If it were not for water, no living things could survive.
「水がなければ、どんな生物も生き残ることはできない」

上例ではitは「生物が生きている」という現実を表します。よって、if節を直訳すると「生物が生きてい

るという現実が、もし水のおかげではないとしたら(生物は他の何かを頼りに生きていることになるが、もしそんなことをしたら)」となります。

また古い英語ではif...notをbutで表した時代があり、if it were not for 〜がbut it were for 〜に、さらにit wereが省略されbut for 〜となりましたが、これは現在ではほとんど使われていません。

なお、「〜があれば」に対応する定型表現はありませんから、with 〜やif I had 〜など、文脈に応じて様々に表現します。

設問の解説

正解：(B)

If it were not for the rain, というのは仮定法過去ですから、主節も仮定法過去にする必要があります。仮定法の主節には助動詞はwould / could / mightのいずれかを用います。be able to (V) や、ought to (V) などは使えません。よって、答えは(B)となります。

[訳] もしこの雨が降っていなければ、今日はハイキングに行くのに。

081 仮定法

破線部に入れるのに適切なものを1つ選べ。

If you were to fall from that bridge, it ------- almost impossible to rescue you.

(A) is
(B) was
(C) would be
(D) would have been

● if S were to (V) って何？

仮定法過去は、現在あるいは未来において「話者が可能性がない、あるいは薄いと思っている」時に用いる時制でした。たとえば、

【例1】If you won a Nobel Prize, who would you first tell about it?

「ノーベル賞をとったら、まず誰に伝える?」

という文では、相手が若手の才能のない科学者で、ノーベル賞をとる可能性は非常に低いと、筆者が判断

した感じです。

【例2】If you were to win a Nobel Prize, who would you first tell about it?

「仮にノーベル賞をとったとしたら、まず誰に伝える?」

if S were to (V) という形を用いた場合には、空想の世界として「もし仮に〜」という感じになります。占いの本などでよく見る形式ですね。

たとえば、研究とは全く無縁の人間に「仮にノーベル賞をとったとしたら、まず誰に伝える?」という質問をする場合などに使えます。

マハトマ・ガンジー Mahatma Gandhi (1869-1948) の言葉に、

Live as if you were to die tomorrow.

Learn as if you were to live forever.

「(もし仮に)明日死ぬかも、という気持ちで生きよ」
「(もし仮に)永遠に生きるかも、という気持ちで学べ」
というのがあります。深いですね。

● if S should V って何?

元々は、if 節の中は、if S＋原形不定詞でした。*if

it be sunnyなら「空よ！ 晴れよ！ そうすれば」という感じですね。it beなどの形が言いにくかったのか、後の時代にshouldが入った形が登場しました。shouldは「〜の方向に向かう」という感じですから、if it should be sunnyなら「空が晴れの状態に向かうなら」となりますね。現在では「(予定には入っていないが) もし〜ということになれば」という意味で用います。

if S were to (V) と異なり、主節は S could / would / might V だけではなく、S can / will / may V、あるいは命令文などが可能です。

【例3】 If anyone <u>should</u> call me, tell them I'm out.
「(予定はないが) もし誰かが電話してきたら、留守だと言ってくれ」

設問の解説

正解：(C)
if節が、if S were to(V)の形ですから、主節はwould / could / might V の形にする必要があります。よって(C)が正解です。
[訳]「仮にその橋から落ちたとすると、君を救うことはまず不可能だね」

Dragon English 082 仮定法

破線部に入れるのに適切なものを1つ選べ。

Henry opened his mouth ------- to say "No," but he did not.

- (A) as far
- (B) as if
- (C) as much
- (D) what if

● as if って何？

as ～ as構文と仮定法が合体した形です。

【例1】Dick speaks Japanese (as fluently) as ~~he would speak it fluently~~ if he were Japanese.

「ディックは、彼が日本人である場合と同じ流暢さで日本語を話す」

→「ディックは、日本人であるかのように日本語を話す」

多くの場合、It is / looks / seems as if S Vや

S feel / act / behave as if S Vのような形で用いられます。

現在では、仮定法を用いないas if he <u>is</u> Japaneseという形（＝直説法）も使われています。ですからas ifの中の時制に関する問題を作ることは困難です。

● as though と as if は同じ意味なの？

as ifの代わりにas thoughを使うことがあります。これは、古い英語ではthoughとifが同じ意味を持っていた名残です。意味の差違は全くないと考えて大丈夫です。

● as if to(V) という形を見たことがあるけど、何？

as ifは、S V以外にto (V) をとって「まるで（今から）Vするように」という意味で用いることがあります。

【例2】The monkey came up to me <u>as if to say I was a friend</u>.

「僕が友達だと言わんばかりにそのサルは近寄ってきた」

また、副詞句が置かれることもあります。

【例3】The boys suddenly disappeared <u>as if by magic</u>.

「その少年たちはまるで魔法のように消え去った」

● than if ～ ってあるの？

はい。比較級＋than ～と仮定法を足すと作れます。

【例4】This would cost you less today than ~~it would cost little~~ if you bought it tomorrow.

「これは、明日お買い上げになる場合より今日のほうがお安いですよ」

「～の場合より」という訳は覚えておいてください。

設問の解説

正解：(B)

意味をなすのは(B)のas ifだけです。なお、(A)はgo as far as to (V)「VまでVする」なら可。(D)はWhat if S V?で「もしS VならどうするんだJ の意味の慣用句です。

[例]"Why don't you ask her out?"
「彼女をデートに誘ったら？」
"What if she refuses?"
「断られたらどうするんだよ？」

[訳] ヘンリーはまるで「いいえ」と言わんばかりに口を開けたが、何も言わなかった。

274

083 仮定法

破線部に入れるのに適切なものを1つ選べ。

Harry: Would you mind taking a look at this?

Nick: This is a great plan, Harry! -------

Harry: Yeah, but there's one thing I'm concerned about. Our boss might not like the extra costs.

(A) I can't agree with that. There are too many disadvantages.
(B) I couldn't agree more. I'm sure it'll work.
(C) That depends. I have no idea what to do.
(D) Your idea doesn't make sense to me.

275

● Couldn't be better. ってどういう意味？

Couldn't be better.は「最高だ！」という意味で、会話でよく用いられます。このcouldはもちろん現在形です。省略されたものを補うと、*I could not be better than I can be well now.「今の良い状態より良い状態になることは（たとえ努力しても）ない」となります。couldを用いているのは、「努力することはないと思うが、たとえ努力しても」という気持ちからです。英語では主語が省かれることはThank you.やSee you. など一部の例外を除いてまずありえません。よって、この表現も例外的な言い方です。

● 他にも似た表現はあるの？

Nothing could be better.「（これが）最高だ」。これはNothing could be better than this.「これより良いことは（たとえ探しても）ない」から「これが最高だ」という意味です。

I could not care less.「全く気にしてないよ」。これは、*I could not care less than I can care now.

Part 04 時制・助動詞・仮定法

「(今は全く気にしていないから、) 今以上に気にしないことは (たとえ努力しても) できない」が直訳です。これは日本人には非常にわかりにくい熟語ですが、英米人でも最近では間違えて肯定形のcould care lessという形を使っている人が少なからずいます。

【例】I could not care less what Alice thinks of me.
「アリスがぼくをどう思おうと一向に構わない」

設問の解説

正解：(B)

「それは素晴らしい計画だ」という発言から、破線部にはプラスイメージが入るはずです。(A)「それには同意できない。マイナス面が多すぎる」、(C)「ケースバイケースだね。どうしていいかわからないよ」、(D)「君の考えは僕には意味をなさないよ」はすべてプラスイメージではありません。よって(B)「完全に同意する。うまくいくこと請け合いだ」が正解となります。I couldn't agree more.は、I couldn't agree more than I can now.「(今は100パーセント君に同意するから、) これ以上に同意することは (たとえ努力しても) できない」が直訳です。

[訳] ハリー：「これをちょっと見ていただけませんか」
ニック：「これは素晴らしい計画だね、ハリー! 大賛成だよ。必ずうまく行くよ」
ハリー：「そうですね。でも1つ気がかりなことがあります。コストが余分にかかることに対してボスがいい顔しないのでは」

前置詞の集中講義　4

問：破線部に適切な前置詞を入れてください。

1. Our plane was soon ------- the clouds.
   「私たちの乗った飛行機はほどなく雲の上に達した」
2. The power failure prevented us ------- holding the meeting as scheduled.
   「停電のため会議をスケジュールどおりできなくなった」
3. Billy was terribly upset when his girlfriend left him, but he soon got ------- it.
   「ビリーは振られた時かなり動揺したが、すぐに立ち直った」
4. I will pick you up ------- your apartment.
   「君のアパートまで車で迎えにいくよ」
5. The government is increasingly becoming concerned ------- global warming.
   「政府は地球温暖化についてますます関心をよせている」

[解答と解説]
1. above：aboveは「〜の上方に」の意味です。onと異なり接触していません。〜 above sea levelは「海抜〜」の意味です。
2. from：fromは起点を示して「〜から」が原義。そこから「離れる」イメージに広がり、「禁止、予防」などの動詞と共に使われます。
3. over：overは「〜を越えていく」イメージです。get over 〜 は、「〜を越えた状態になる」から「〜を克服する」。
4. at：atは「点」のイメージです。よって「アパートという場所で、あなたを車で拾う」という意味からatになります。
5. about：aboutは「〜の周辺」のイメージです。「もやもやとした感じ」から「不安、心配」の動詞と結びつきます。

PART 5

形容詞・副詞・比較

「as ～ as構文」って
いつ使うの?

084 形容詞

破線部に入れるのに適切なものを1つ選べ。

Although my trip to Hokkaido was very ------, I enjoyed it.

(A) excited
(B) exciting
(C) tired
(D) tiring

● surprise は「驚く」?

日本人の感覚では、「感情はこみ上げてくるもの」です。ですから「怒る」「驚く」「恐れる」というように自動詞がほとんどです。ところが、英語では原因と結果の関係を明確にします。たとえばsurpriseは「驚く」ではなくて、「〜を驚かせる」という意味の他動詞です。

そこからsurprisedとsurprisingという2つの形容詞ができました。surprisedは受動的ですから「驚かさ

れる」から「(人が) 驚く」で、surprisingのほうは「(モノが人を) 驚かせる性質を持つ」という意味になります。同じように、excitedなら「(人が) 興奮している」、excitingなら「(人を) 興奮させるような→刺激的な」という意味になります。

【例1】 **The wrestlers were all excited and the match was really exciting.**
「レスラーは皆興奮していて、試合は本当に刺激的だった」

● The teacher is boring. って正しいの？

多くの場合「モノ」is boringで「人」is boredの形で出てきます。ただし、「人」を「モノ」扱いするならば、「人」を主語にしてboringとすることはできます。もちろんsurprising / excitingなども同様です。

【例2】 **The teacher is boring / exciting.**
「その先生は、(人を) 退屈させる／興奮させる」

The teacher is bored.「その先生は退屈している」等とは区別してください。

● I was surprised at the news. と The news was surprising. は同じ意味？

厳密には違います。I was surprised at the news. は主観的な記述で、「人はどういう反応をしたかは知らないけど、私は驚いた」という意味です。一方、The news was surprising. は客観的な記述で、「私はどう反応したかは別として、その知らせは少なくとも一般的に人を驚かせるようなものであった」という意味です。自他の区別を明確にする英語流です。

設問の解説

正解：(D)

「モノ」が主語ですから(A)(C)は消えます。althoughという逆接の接続詞に注目すると、後半の「楽しんだ」の逆のイメージ、つまりマイナスイメージの単語を選ぶことがわかります。よって(D)が正解となります。なお、My trip was tiring. は「(一般論として)私の旅は人を疲れさせるものであった」という意味です。この文は客観的な記述で、必ずしも「私が疲れた」という意味ではありません。

[訳] 北海道への旅は疲れるものであったが、私は楽しんだ。

085 形容詞

> 破線部に入れるのに適切なものを1つ選べ。
>
> Ann is so ------ that she cried for days when her pet rabbit died.
>
> (A) impressed
> (B) impressive
> (C) sensible
> (D) sensitive

● delighting ってないの？

感情を示す動詞は、「人」を主語にして過去分詞形（例surprised）、「モノ」を主語にして(V)ing（例surprising）でしたが、(V)ingの形ではなく、他の形になるものが存在します。

pleased 「(人が)楽しんでいる」 … pleasant [pleasing]
「楽しい」

283

delighted 「(人が)喜んでいる」…… delightful
　　　　　　　　　　　　　　　　[×delighting]
　　　　　　　　　　　　　　　　「とても楽しい」
scared 「(人が)怖がっている」…… scary
　　　　　　　　　　　　　　　　[×scaring]
　　　　　　　　　　　　　　　　「怖い」
satisfied 「(人が)満足している」… satisfactory
　　　　　　　　　　　　　　　　[satisfying]
　　　　　　　　　　　　　　　　「満足がいく」
tired 「(人が)疲れている」………… tiresome
　　　　　　　　　　　　　　　　[tiring]
　　　　　　　　　　　　　　　　「疲れる」

(V)ingの形と、別の形が併用されている場合には、意味が若干異なる場合がほとんどです。たとえば、satisfactoryは「(それほど高い水準ではないにしても)ある基準を満たして」という意味で、satisfyingは「満足できる」という意味です。

「この劇は楽しい」でThis play is pleasant.とは言えますが「私は嬉しい」の意味でI am pleasant.とは言えません。

Part 05 形容詞・副詞・比較

●「それは幸せだ」は It is happy. でいいの？

　ダメです。形容詞の中には、「人」「モノ」どちらかしか主語にとらないものが存在します。その代表例がhappyで、「人」is happy.しか使いません。

【例】It was fortunate [×happy] for me that the train was delayed.
　　「電車が遅れたのは幸いだった」

　どちらも使える代表的な単語にはsad「悲しい」、comfortable「快適な」、curious「好奇心の強い／好奇心をそそる」、joyful「楽しい」などがあります。

　curiousは、少し厄介です。たとえばChildren are curious.とすると、「子どもは好奇心が強い」という意味なのか「子どもは好奇心をそそる存在だ」という意味なのかがはっきりしません。Children are curious about everything.とすれば「子どもは何にでも好奇心を示す」という意味が明確になりますね。

285

設問の解説

正解：(D)

時制に注目してください。前半は現在時制なのに、後半の「ペットのウサギが死んだとき何日間も泣いた」は過去形です。ですから(A)にすると「今、アンはとても感動しているので昔〜」となり意味不明ですね。(B)にすると「今、アンは人に強い印象を与えるような人物なので」となり、これも意味不明です。アンが派手な服を着て踊っているようなイメージですね。(C)「思慮、分別のある」、(D)「繊細な、敏感に反応する」のうち、文脈に適しているものは(D)ですね。

[訳] アンはとても繊細なので、ペットのウサギが死んだとき何日間も泣いた。

086 形容詞

> 破線部に入れるのに適切なものを1つ選べ。
>
> **Every winter, colds are ------- at schools.**
>
> (A) **familiar**
> (B) **popular**
> (C) **broad**
> (D) **common**

●「(値が) 高い」は expensive ?

　日本語では同じでも英語では異なる形容詞があります。たとえば、「この車は高い/安い」はThis car is expensive / cheap. ですが、「その価格は高い/安い」はThe price is high / low.です。具体的な商品名を主語にする場合にはexpensive / cheapを用いて、price「価格」、income「収入」、pay / salary「給料」などを主語にする場合にはhigh / lowを用いるのが普通です。

287

●「多い」は many でいいの？

manyは可算名詞の複数形と共に用います。日本人がよく間違えるのは、large / smallを用いなければならないnumber「数」、amount「量」、vocabulary「語彙」、population「人口」などにmany / fewを使ってしまうことです。

【例】Sara has a large ［×many］ vocabulary.
「サラは語彙が豊富だ」

●「面白い」は interesting でいいの？

interestingは「知的好奇心をそそる」という意味です。学問の本や、月の満ち欠けなどの自然現象などに対しては使えます。「(パーティ、スポーツ、旅行などが) 面白い」はenjoyable / fun「楽しい」が適切です。さらに「(漫才などが) 面白い」は、funny / amusing「笑ってしまうような」が適切です。「(プロレス、白熱した試合などが) 面白い」は、exciting「刺激的」が適切です。

Part 05 形容詞・副詞・比較

●「賢い」はwiseでいいの？

wiseは「経験によって得た知恵を持っている」という意味ですから、ある程度成熟した人にしか使いません。「知識が豊富な」という意味ならintelligentで、これは動物にも使えます。またcleverは、米語では「ずる賢い」という意味にもなりますが、「賢い」でも使います。smartは、日本語の「スマート(＝身体が細い)」の意味ではなく「頭の回転が速い」という意味で、have a sharp mindとほぼ同じです。

設問の解説

正解：(D)

commonは、「一般的でありふれた」という意味です。[例] "Suzuki" is a common name in Japan.「『鈴木』は日本ではよくある名前です」。それに対してpopularは、「人気がある」という意味です。[例] "Tsubasa" is a popular name in Japan.「『つばさ』は日本では人気のある名前です」。本問では(D)が適切です。なおbroadは「幅が広い」という意味で、familiarは「よく知られているので、すぐに認識可能である」という意味です。A is familiar.は口語では S know A. という意味です。

[訳] 毎年冬になると、学校で風邪が流行る。

087 形容詞

破線部に入れるのに適切なものを1つ選べ。

"Jennifer has a very ------- mind."
"Yes, she's always thinking of new things to do."

(A) absent
(B) active
(C) alive
(D) angry

● alive の a って何？

go on a picnic / an excursion / an expedition「ピクニック／遠足／遠征に行く」のonは「継続状態」を示す働きです。aで始まる形容詞の中で、a＋動詞（の名詞形）になっているものは、実はon＋動詞（の名詞形）のonが弱化したものなのです。たとえばaliveは、古英語では*on live「生きている状態を継続中」の意味でした。似たものにasleepは「寝ている

状態を継続中」、awake「目が覚めている状態を継続中」などがあります。

【例1】 While reading, I fell asleep.
「本を読みながら眠ってしまった」

上に挙げた形容詞は「叙述用法［参照→135ページ］」でしか用いないものがほとんどです。The baby is asleep on the bed.「赤ん坊がベッドで寝ている」はＯＫですが、*an asleep babyとは言えないということです。

実は、現在進行形も元はbe on (V)ingだったのですが、onが弱化してついには消えてしまったのです。

● 限定用法にしか使えない形容詞ってあるの？

いちいち暗記する必要があるとは思えませんが、そのような形容詞はあります。major repairs「大修理」、the upper class「上流階級」、the latter expression「後者の表現」などがあります。これらは多くの英文に接するうちに、「そういえば S is upper. なんて見たことないな」と思えればいいわけです。

● like には「〜を好き」と「〜のような」の２義があるのはなぜ？

元々はlikeは「似ている」という意味でした。He is like us.とは「彼は我々と同じ種族で、我々と似ている」でした。さらに「彼は私たちと同じ種族だから、私たちに好意を抱いている」という意味で使われ始め、さらにisが脱落して、He likes us.という形が定着したわけです。

【例2】 What is he like?

「彼はどのような人ですか」

なお、What is he?だと「彼はE. T.か、それとも人間か？」という感じになります。

設問の解説

正解：(B)
選択肢の中で、限定用法として使えないものが(C) aliveです。後半の記述「いつも新しいことを考えている」から、「頭が活発である」とわかります。よって(A)「欠席した、ぼんやりした」、(D)「怒った」が消えて、(B)「活発な」が正解となります。

[訳]「ジェニファーはとても頭の回転がいい」
　　　「そうだね。いつも新しいことを考えているよね」

088 形容詞

破線部に入れるのに適切なものを1つ選べ。

The Browns live in a ------- house.

(A) big, white, two-story
(B) two-story, white, big
(C) two-story, big, white
(D) white, two-story, big

● 形容詞の順番って？

「この、白の、2010年製造の、タイヤがラジアルの、トヨタの四輪駆動の車」なんて長々と言ったら、友達から嫌われるかもしれません。普通の会話では、「トヨタの四駆」とか「この白の車」ぐらいでしょう。数多くの形容詞を名詞の前に置くことは稀なわけです。

さらに、形容詞の順序なんて「思いついた順番」が普通でしょう？ たとえば、誰かと会話をするときに、「色白の」「背がスラリと高い」「20歳の」「イギリスから来た」の正しい順なんて考えていますか？ 考

293

えていないと思いますよ。英語も同じです。

ただし、英語の形容詞の順序で重要なのは、「主観的なもの」から「客観的なもの」へと流れていくということです。

【例1】young Japanese people
　　　「日本の若者／若い日本人」
【例2】traditional Japanese gardens
　　　「日本の伝統的な庭園」
【例3】free plastic bags　「無料のビニール袋」

特に「国籍」を示すJapaneseやAmericanやKoreanや、「材料」を示すwoodenやplasticなどは、通例名詞の直前に置くと覚えておくとよいでしょう。日本語とは異なる場合が多いので注意が必要です。

● a ten-year-old boy って間違ってないの？

単語をハイフンでつないで1つの単語のように扱うことがあります。たとえばa much-hoped-for electionで「待ちに待った選挙」です。注意すべきことは、数字＋単位を示す名詞が入っている場合には、たとえ単位を示す名詞を複数形にすべき時でも単数形

Part 05　形容詞・副詞・比較

にするということです。

【例4】a ten-year-old boy 　　「10歳の少年」
　　　 a five-story pagoda 　　「五重の塔」
　　　 a two-dollar bill 　　　　「2ドル札」

storyに「階」の意味があるのは、昔の建物には階ごとに様々な物語の絵が描かれていたからだ、と言われています。つまりtwo-storyとは、元は「2階の物語」という意味だったわけです。

イギリス英語では「階」の場合は、storeyと綴ることもあります。

設問の解説

正解：(A)
big「大きい」は、主観的形容詞ですが、white「白い」、two-story「2階建ての」は、客観的形容詞です。ですから、答えは(A)です。なおthe Brownsは「ブラウン一家」という意味です。theがつくことによって「個々のブラウンさんの集合体」という意味になります。the Beatles「ビートルズ（個々のビートルの集合体）」も似た感じですね。
[訳] ブラウン一家は大きな白い2階建ての家に住んでいる。

295

089 副詞

> 破線部に入れるのに適切なものを1つ選べ。
>
> Kelly is good at building castles in the air, but he ------- ever accomplishes anything practical.
>
> (A) hardly
> (B) if
> (C) rarely
> (D) seldom

● hardly は hard の副詞?

　一般に、形容詞に-lyをつけると副詞になります。たとえばclear「はっきりした」は形容詞ですが、clearlyとなると「はっきりと」という副詞になります。また、friendly「人なつっこい」、motherly「母の」などのように、名詞に-lyがつくと形容詞になります。

　形容詞と副詞が同形のものもあります。fast「速い

/速く」、late「遅い/遅く」、hard「熱心な/熱心に」、high「高い/高く」などです。

【例1】 Eagles were flying high [×highly] in the sky.
「鷲が空高く飛んでいた」

【例2】 You should study English hard [×hardly].
「英語を熱心に勉強しなさい」

highやhardに-lyがつくと全く異なる意味を持つ副詞になります。highly「おおいに」、hardly「ほとんどない」。他にもlately「最近」、badly「ひどく」、nearly「ほとんど」などがあります。どれも語源的には -lyのない単語と同じです。たとえば、hardlyは、「厳しく」→「容易でない」→「ほとんどない」と変化しました。

● hardly は「ほとんどない」と覚えてもいいの？

危険です。日本語の「ほとんどない」は、「私は彼女のことはほとんど知らない」というような程度を示す場合と、「私はほとんど映画を見に行かない」というように頻度（回数）を示す場合がありますが、hardlyは頻度には使えません。hardlyは「notの一歩

手前」と覚えておくといいでしょう。

【例3】Sue says she is 28, but I can <u>hardly</u> believe her.

「スーは28歳と言っているが、それを信じるのは困難だ」

ただし、hardly everとするとseldomやrarelyと同じ回数表現に変わります。これは、everがat any timeという「時」を表すからです。

【例4】I <u>hardly ever</u> see her even though we go to the same school.

「同じ学校に通っているけれど、彼女とはたまにしか会わない」

また、hardlyの同義語のscarcely / barelyはhardlyより使用頻度が低い語です。

設問の解説

正解：(A)
破線部の後ろにeverがあるので、(C) (D)ではなく(A)が正解です。なお、ifを用いるなら、seldom if ever / rarely if ever [参照→158ページ] としなければなりません。
[訳] ケリーはとっぴな計画を思いつくのは得意だが、実際に何かを成し遂げることはほとんどない。

090 副詞

破線部に入れるのに適切なものを1つ選べ。

"How ------ will the concert begin? I'd like to get something to drink."
"Well, if my watch is right, it should start in less than ten minutes."

(A) fast
(B) long
(C) rapidly
(D) soon

● immediately と soon ってどう違うの？

soonは、「今から短時間で」という意味です。具体的に「2〜3分」とか「2〜3年」という期間を指すわけではなく、あくまで、気分の上で「短時間で」という意味です。

【例1】 If things do not get better soon, we will have

　　　　　to lay off many employees.
　　　　「早いとこ状況が良くならないと、多くの人間を解雇しなければいけなくなる」

　このsoonは、in a short time「短時間経てば」、in no time「すぐに」とほぼ同じ意味です。

　immediatelyは、「同時に」が基本的意味ですから、「間髪をいれずに」という意味になります。つまり、「次の動作を始める前に他の動作をすることなく」という感じです。right awayは同じ意味の口語表現です。

【例2】You should go to the teachers' room immediately.
　　　　「すぐに職員室に行かなければならない」

　［例2］でimmediatelyをsoonにすると、immediatelyほどの緊急性は薄れます。immediatelyは「他のすべてのことを中断してでも直ちに」という意味ですが、soonは「今から短時間のうちに」という感じですね。

　at onceもimmediatelyと似た意味で使われることがありますが、「1つの時に」→「同時に」の意味も持ちます。

【例3】You should not teach small children two

Part 05 形容詞・副詞・比較

things at once.
「幼い子どもに一度に2つのことを教えるべきではない」

●「この店は何時まで開いてますか？」って何と言うの？

How late is this shop open? と言います。Until what time is this shop open? は文法的には正しいですが、口語ではまず使いません。how late で「どれくらい遅い時間まで」というのが直訳です。

設問の解説

正解：(D)
第2文の「あと10分足らずで始まるはずだよ」から、「あとどれくらい時間が経過すればコンサートが始まるのか」という意味だとわかります。(A) how fastは「速度」を尋ねる表現、(C) how rapidlyは「敏捷性」を尋ねる表現で不可。(B) how longは「期間」を尋ねる表現で、答えはtill 3:00「3時まで」とか、for two hours「2時間」などになります。以上から(D) how soon「今からどれくらい経てば」が正解となります。

[訳]「コンサートはあとどれくらいで始まるのかな。飲み物が欲しいんだ」
「うん、私の時計が正しければ、あと10分足らずで始まるはずだよ」

301

091 比較

破線部に入れるのに適切なものを1つ選べ。

Although she has been working for just a year, she earns ------- I do.

(A) as nearly much as
(B) more nearly than
(C) nearly as much as
(D) nearly more than

● as ～ as 構文っていつ使うの？

as ～ asの形式は、次の形式で使われるのが普通です。

1. A not as ～ as B 「AはBほど～ではない」
2. A＋倍数表現＋as ～ as B 「AはBの…倍～」
3. as busy as a bee 「蜂ぐらい忙しい」などの比喩表現
4. as ～ as S can / possible 「できるだけ～」

意外かもしれませんが、普通のas ～ asの使用の頻

302

度はそれほど高くありません。その理由は、英語では「AとBが全く同じ」という場合には、the same size「大きさ」/ height「高さ」/ weight「重さ」などを用いるのが普通だからです。

【例1】Jim's little brother is catching up with him. They are almost the same height now.
　　　「ジムの弟は彼に追いついてきている。今じゃ、2人はほとんど背丈が同じだ」

● では、普通の as ～ as 構文っていつ使うの？

　多くは、感情的な場合に使います。たとえば、Jack is as intelligent as you are.という文の「言いたいこと」は、「ジャックを甘く見てはいけない。彼は君ぐらいの知能はあるよ」という意味です。つまり「ジャックを過小評価してはならない」という場合に用いるわけです。数学的にはJack≧youとなります。たとえばJack is as intelligent as any boy in his school.ならJack≧any boy in his schoolとなり、結局最上級と同じような意味になります。頻度は低いですが、次のような文でも使います。

【例2】 Kenny is stingy! Trying to persuade him to lend me some money is as successful as trying to stop a hungry dog from eating meat.

「ケニーはケチだ。あいつにお金を貸してくれるように説得するのは、飢えた犬に肉を食べるのを止めさせるのと同じくらい、成功の見込みはない」

この文では「ケニーに金を貸すように説得することが成功する可能性」を高いと思うな！ と主張しています。そしてその類例として「飢えた犬に肉を食べるのを止めさせることが成功する可能性」を持ち出してきたわけです。当然ながら、どちらの成功の可能性も、ゼロだとわかりますね。

設問の解説

正解：(C)
as ～ asの前には、nearly / almost「ほとんど」やjust / every bit「ちょうど」などがつくことがあります。
[訳] 彼女は働きだしてまだ1年だが、給料は私と同じぐらいだ。

092 比較

破線部に入れるのに適切なものを1つ選べ。

"Everything you cook tastes really good."
"Thanks, but I don't think I'm ------- cook as you are."

- (A) a good as
- (B) as a good
- (C) as good a
- (D) good as a

● as ~ as ってどのような文構造になっているの?

thanや、as ~ asの2番目のasは接続詞です。よって、比較級+thanやas ~ asの形式は、2文を合成した形からできています。

【例1】 Rick is not as old as he looks.
「リックは外見ほどの年齢ではない」

この文は、Rick is old. とHe looks old. が合成されてできた文です。元の文は*Rick is not as old as he looks old. で「リックの実際の年齢」＜「彼の見た目の年齢」を意味します。前の文と後の文の共通要素である後ろのoldは必ず省略します。また最初のasは副詞の扱いです。

【例2】 Last year, three times as much money was spent on food as on furniture.
「昨年、家具に使ったお金の3倍のお金を食べ物に使った」

　この例では、*Much money was spent on food. と*Much money was spent on furniture.が接続詞のasでつながれて、最初のmuch moneyの前に副詞のasがつきました。

　*As much money was spent on food as much money was spent on furniture.

　さらに、共通要素の2つ目のmuch money was spentが省かれ、倍数を示すthree timesが付加されてできた形です。主語の前にas＋形容詞がつくと違和感を持つ人が多いですが、固定観念は捨ててくださいね。

倍数は「2分の1」ならhalf、「3分の1」ならone third / a third、1倍を超えるとtimesが必要となります。「1.5倍」ならone and a half timesです。「(3以上の)～倍」なら～ timesとします。ただし「2倍」twiceにはtimesはつきません。

● 倍数＋比較級＋than はダメなの？

米語では倍数＋比較級＋thanの形もよく使われます。

【例3】 The population of this city is about three times larger than that of London.

「この都市の人口はロンドンのおよそ3倍です」

ただし、twiceの場合には、twice as ～ asとします。

設問の解説

正解：(C)
元の文はI am a good cook. You are a good cook.です。それをas ～ asに組み込むとI am as a good cook as you are a good cook.となりますが、最初のasは副詞なので、語順をas good a cookという形にしなければなりません。ですから(C)が正解となります。
[訳]「あなたが料理したものは何でも本当に美味しいね」
「ありがとう。でも、君ほどではないよ」

Dragon English 093 比較

> 破線部に入れるのに適切なものを1つ選べ。
>
> As many people ------- present there agreed with our plans.
>
> (A) as were
> (B) who
> (C) as did
> (D) those

●「比較対象の前置」って何？

〈as ~ as...〉の as... や、〈比較級 + than...〉のthan...の部分は、普通は文末に置かれます。ところが、最初のasとas...や、比較級とthan...が離れすぎる場合には、as...や、than...を前に置く(前置する)ことがあります。これが「比較対象の前置」と呼ばれる現象です。

【例1】 Women in that country are freer to find a job they like than they used to be.

308

→Women in that country are <u>freer than they used to be</u> to find a job they like.

「その国の女性は以前より自由に好きな仕事につけるようになった」

［例1］では、「比較対象の前置」に気がつかないとfreerとto find...の関係を見落としてしまうかもしれません。

英米人は、比較級とthan...が離れすぎると気持ち悪いと思うようですね。

【例2】Without the aggressive, active side of their nature, humans would be even less able <u>than they are</u> to direct the course of their lives.

「人間性の中に攻撃的で活発な面がなければ、自分の人生の進路を定めることは、今以上にさらに難しいであろう」

than they areの部分は本来、文末に置くべきなのですが、less ableと離れすぎるため前にもってこられました。なお、この文は「現実」と「仮定」の比較になっています。また、even＋比較級で「さらに〜」となります。

設問の解説

正解：(A)

Many people agreed with our plans.「多くの人々が我々の計画に同意した」とMany people were present there.「多くの人々がそこにいた」をas 〜 as構文に組み入れてみます。最初の副詞のasを第1文のmany peopleの前につけて、2つ目の接続詞のasを文と文の間に入れます。*As many people agreed with our plans as many people were present there. この段階でasのついた形容詞は元の意味を失いますから、manyは「多くの」ではなく「数」という意味になっていることに注意してください。よって、文意は「我々の計画に同意した人の数」≧「その場にいた人の数」、つまり「その場にいた人が全員、我々の計画に賛同した」ことがわかります。さらに、共通要素であるmany peopleを省略するとAs many people agreed with our plans as were present there.となります。これではas 〜 asが離れていますから、「比較対象の前置」を行い、as were present thereをpeopleの直後に置きます。するとAs many people as were present there agreed with our plans.となります。以上から答えは(A)だとわかります。

[訳] その場にいた人が全員、我々の計画に賛同した。

Dragon English 094 比較

> 破線部に入れるのに適切なものを1つ選べ。
>
> Solving the problem was more difficult than -------.
>
> (A) we had thought
> (B) our thinking
> (C) our thoughts
> (D) we did

● 「思ったより簡単ではなかった」ってどう言うの？

英語ではnot＋比較級＋than...という言い方は稀です。もし言うとすれば、notが「前提の打ち消し」であることを考えれば、世間の意見などを打ち消した場合に限られます。

【例1】 Lisa is not more beautiful than my daughter.
「リサがうちの娘より美しいなんて、間違ってるよ」

これは、世間で「自分の娘よりリサが美しい」と言

311

われていることに憤慨した父親が述べた意見ですね。

こうした特殊表現以外では「…ほど～ない」は、not as ～ asという形を用います。

【例2】 This problem was not as easy as I had expected.

「この問題は思ったほど簡単ではなかった」

この文ではI had expected it would be easy.からit would be easyが省略されています。

●thanに関係代名詞の働きがあるの？

ありません。たとえば、*This is more difficult than I expected it would be difficult. という文のthan以下を受動態にすると、形式上の主語のitを用いて*This is more difficult than it was expected it would be difficult.となります。ここから共通要素のit would be difficultが省略されて、さらに「言いにくさを解消」するためにitあるいはit wasが省略されることがあります。

するとThis is more difficult than (was) expected.となります。この形だけを見て「thanには関係代名詞の用法がある！」と勘違いした文法学者が

いたわけです。関係代名詞は「代名詞」ですから、接続詞のthanとは無関係です。

●asに関係代名詞の働きがあるの？

ありません。You know / It happens / It is / It is often the case with... that S V. の前半だけをasで切り取ってAs you know / As it happens / As it is / *As it is often the case with..., S V. と言うことがあります。最後の*As it is often the case with..., S V. は「言いにくさを解消」するためにitが脱落しAs is often the case with..., S V. 「…にはよくあることだがS V」となりました。

設問の解説

正解：(A)
thanが接続詞であることを考慮して、than以下の元の文を考えると、we had thought it was difficultだとわかります。ここから共通関係のit was difficultが省略された形ですね。なお、than＝「よりも」と丸暗記していると、(C)にしてしまうかもしれません。答えは(A)です。
[訳] その問題の解決は、私たちが思っていたより難しかった。

Dragon English 095 比較

> 破線部に入れるのに適切なものを1つ選べ。
>
> There is more to life than ------ the eye.
>
> (A) cannot meet
> (B) can meet
> (C) much cannot meet
> (D) much can meet

●「読み切れないほどの本」は、more books than you cannot read ?

接続詞のthanの後ろを否定形にすることはありません。例外的なもので重要なのはmore often than not「しばしば」という熟語ぐらいです。

【例1】 I often carry with me more books than I can read.

「私はよく読み切れないほどの本を持ち歩いている」

than以下を元の文に復元すると、I can read many booksとなります。すると、「私がよく持ち歩いてい

る本の冊数」＞「私に読める本の冊数」となりますから、「私は読めるより多くの本を持ち歩くことが多い」が直訳となります。日本語ではthan以下を否定的に訳して「読み切れないほどの」としたほうが自然ですね。英語では否定文ではありませんが、日本語では否定文になることに注意してください。

【例2】**I often carry with me more books than is necessary.**

「私は必要ないほどの本を持ち歩いていることが多い」

この文のthan以下を復元すると*than it is necessary for me to carry with me many booksです。for以下は共通要素として省略され、さらにitは「言いにくさを解消」するために省略されました。than以下を否定的に訳すのは［例1］と同じです。

● 「二重品詞」って何？

数量詞（much / few / little / longなど）が文中で、名詞かつ形容詞［副詞］の働きを兼ねることを言います。たとえばIt took longer than I had expected.「思ったより時間がかかった」のlonger

315

は、tookの目的語なので名詞ですが、比較級を作っているので形容詞でもあります。このlongerが二重品詞と呼ばれるものです。Most of us are...のmostも二重品詞です。

【例3】I finished less of the work than I had expected.

「思ったほど仕事がはかどらなかった」

この文のlessも二重品詞です。lessはfinishedの目的語、つまり名詞ですが、かつlittleの比較級、つまり形容詞［or副詞］になっています。

設問の解説

正解：(B)

than以下を元の文に復元するとmuch can meet the eyeとなります。そこから共通要素のmuchを省いたものが正解ですから(B)が正解となります。「人生に存在する量」＞「目が出会う量」から、「人生には目には見えないものが多数存在する」と訳せばいいですね。日本語では否定ですが、英語では否定文にはならないことに注意してください。There is more to A than 〜「Aには〜以上のものが存在する」は、決まり表現です。toは、belong to 〜「〜に所属している」と同じ「所属のto」ですね。

[訳] 人生には目には見えないものが多数存在する。

096 比較

破線部に入れるのに適切なものを1つ選べ。

Americans consume more electricity for air conditioning during the three summer months alone than ------- the entire population of China to meet all of their annual electrical needs.

(A) does
(B) is
(C) about
(D) among

● Kevin is taller than I. は正しいの？

実際の使用頻度をインターネットで調べると低いことがわかります。使用頻度の高いものはKevin is taller than me.という形で、次にKevin is taller than I am.という形です。よってthan meやthan I amのほうが適切だと言えそうです。

比較の場合、接続詞のthanやasの後ろでは、共通

317

要素は省略されます。たとえば、*Kevin is taller than I am tall.では、tallは共通要素で省略されます。同様にamも直前にisがありますから省略されます。ところがthanの後ろに代名詞が置かれた場合は、その後ろのbe動詞は省略できません。than I / he / sheなどは不自然なわけです。

● Kevin is taller than me. は？

口語的ですが普通に使われています。文法の観点から厳密に言えば、主語と主語の比較なわけですからKevinに対してmeというのはおかしい気もします。アメリカでは主語のIのかわりにMeを使う人もいるぐらいですから、日本人が感じるほどには違和感はないようです。

● Ｓ Ｖ Ｏ＋比較級＋than A. の場合は A は何と比較されているの？

We respect Bob more than Tom.では、一般的にはBobとTomが比較されています。

もしweとTomのように主語と主語の比較の場合には、than Tom doesのように、doesをつけることで、

Part 05 形容詞・副詞・比較

Tomが主語であることを明示します。

● SVO＋比較級＋than do / does
A. の do / does って何 ?

SVO＋比較級＋thanA. で、Aが主語の場合にはthan A do / does / didという形をとることは既習ですね。ところが、doが文末にくると強勢が置かれてしまいます。Yes, we can.とかYes, we do.などはすべてcanやdoに強勢が置かれるのと同じです。比較で強勢を置くべきなのは比較されている要素ですから、これは困るわけです。そこで、主に文語体では、than do / does / did Aの語順にすることがあります。

設問の解説

正解：(A)

thanの後ろの元の文は、*the entire population of China consumes much electricity to meet all of their annual electrical needsです。ここから共通要素が省略されて、動詞がdoesとなり、さらにそれが主語の前に置かれた形が本文です。よって(A)が正解。

[訳] アメリカ人がエアコンに消費する電気量は、夏の3ヵ月間だけでも、中国の全人口が年間に消費する電気量を上まわっている。

097 比較

破線部に入れるのに適切なものを1つ選べ。

------- the movies that are showing now, *London Holiday* is the only one in English.

(A) All from
(B) All of
(C) From all
(D) Of all

● 最上級には the をつけるって？

「最上級だからtheがつく」というのは正しくありません。名詞に最上級がつくと、1つに限定されるためtheがつくわけです。〈the＋形容詞の最上級〉の後には必ず名詞が必要です。

【例1】Kevin is the fastest typist in this school.
「ケビンはこの学校で一番タイプを打つのが速い」

たとえば、この文のtypistを省略することはできません。typist以外にもrunnerとかspeakerとか様々な

320

可能性があるからです。よって、たとえ最上級の後であっても、文脈上自明の場合を除いては名詞を省いてはいけません。

【例2】 When in trouble, it is best to ask him for help.

「困った時は、彼に相談するのが一番だ」

この例ではbestの後に補うべき名詞がないのでtheはつきません。全く不思議なことではありません。

● Sally is the most beautiful girl. ってどう？

最上級を用いる場合には、必ず「範囲の指定」をすることを忘れないでください。たとえばin the worldなどを補います。ただし、英語は日本語と違って、多くの場合、言葉は文字通りの意味になります。よって、「世界で一番美しい」なんて言うと、根拠を示せ！と言われそうです。Sally is the most beautiful girl I have ever met.「私が出会った中で一番美しい」とするなら意味をなします。

●「同一の人や物の最上級には the がつかない」って何？

たとえばThis lake is the deepest in this country.と言えばdeepestの後に自明のlakeが省略されていて、すると、「この湖は（この国で）一番深い」という意味になります。それに対して、This lake is deepest at this point.「この湖はここが一番深い」という場合には、たとえ最上級であってもtheをつけません。deepestの後ろに補うべき名詞がないので当然ですね。

This town is most peaceful in spring.は厄介です。「この町は（他の季節ではなく）春が一番のどかだ」という意味にもとれますが、「この町の春はとてものどかだ」という解釈も成立します。これは、一般にtheのつかないmost＋形容詞は、very＋形容詞の意味にとられてしまうことが多いからです。

Part 05 形容詞・副詞・比較

設問の解説

正解:(D)

後ろのthe only oneに注目して、of all 〜「全ての〜のうちで」の意味になる(D)を選びます。of all 〜は、本文のように文頭に置かれることが多い表現です。文末に置かれたTom is the tallest of all the boys in this class.のような文は不自然です。簡単にTom is the tallest boy in this class.と言えるからです。

[訳] 今、上映中のすべての映画の中で、「ロンドンの休日」だけが台詞が英語だ。

Dragon English 098 比較

> 破線部に入れるのに適切なものを1つ選べ。
>
> The more we studied the plan, ------ that it was impracticable.
>
> (A) it became more obvious
> (B) it became more obviously
> (C) the more obvious it became
> (D) the more obviously it became

●〈The＋比較級, the＋比較級〉って何？

　〈The＋比較級, the＋比較級〉は、「〜すればするほど…」という意味で、2つの事柄が比例の関係にあることを示します。接続詞を用いないで2つの文が接続できる珍しい文です。文中の形容詞や副詞が、the＋比較級の形で文頭に移動するため、「倒置形の一種」と考えるといいでしょう。

【例1】 The older you get, the more forgetful you become.

324

「歳を取れば取るほど、物忘れがひどくなる」

元の文はYou get older.とYou become more forgetful.です。

よくある間違いは、元の文を考えないで*The more you get old, the more you become forgetful.などにしてしまうことです。

● 口語でも使われるの？

口語では省略形でよく使われます。特にThe＋比較級..., the better.「…すればなおよい」という形でよく使われます。The sooner, the better.「早ければ早いほどよい」は一種の慣用表現になっていますね。

【例2】 The less said about that matter, the better.
「その件については黙っているに限る」

上記の例ではThe less is said about...からisが省略されています。またlessは二重品詞です［参照→315ページ］。

●〈The＋比較級, the＋比較級〉って事実？

〈The＋比較級, the＋比較級〉は、［例1］のような、一般論を述べるのに適しています。よって、次の

[例3]のような「私は現実に物忘れがひどくなっている」という現在の事実を述べる場合には適していません。

【例3】As I am getting older, I am becoming more forgetful.

「私は歳を取れば取るほど、物忘れがひどくなっている」

この文をThe older I get, the more forgetful I become.とすると多くの英米人は不自然だと感じるようです。

設問の解説

正解：(C)
前半がthe＋比較級の形になっていることから、後半もthe＋比較級の形にします。元の文を考えるとit became more obvious that it was impracticable「それが実行不可能であることが明らかになった」となり、このmore obviousにtheをつけて文頭に移動すれば正解の(C)を得られます。
[訳] 私たちがその計画を検討すればするほど、実行不可能であることが明白になった。

099 比較

破線部に入れるのに適切なものを1つ選べ。

There are some places on the earth which get very little rain. -------, they do not necessarily become deserts, because some grass and other plants are able to grow there.

(A) Thus
(B) Nevertheless
(C) Therefore
(D) Furthermore

● S V＋比較級、the＋比較級＋S' V' って何？

〈The＋比較級, the＋比較級〉は、最初が条件節で後ろが主節です。ところが、主節から始まる場合には、主節の部分は倒置にしません。また、主節内のthe＋比較級のtheを省略するのが普通です。

【例1】You become more forgetful (,) the older

you get.

「歳を取れば取るほど、物忘れがひどくなる」

　日本語にする場合には、後ろから訳さなければならないことに注意してください。

● nonetheless って何？

　上で述べた〈ＳＶ（the）＋比較級, the＋比較級〉は、さらに後半部分が別の形で提示されることがあります。

【例2】**A puzzle is all the more interesting because it is difficult to solve.**

　　　　「パズルというものは解くのが難しいから一層面白い」

　この例ではbecause it is difficult to solveが、条件節を示すthe＋比較級の代わりをしています。これ以外にもfor ～ / on account of ～などの理由表現が使われます。さらにthe＋比較級の前に強調の副詞のall、あるいは、打ち消しの副詞のnoneが使われます。この場合the＋比較級のtheは省略されません。

【例3】**I like him none the less for his faults.**

　　　　「彼には欠点があるが、私が彼のことをその分だけ

Part 05 形容詞・副詞・比較

嫌いになることはない」
→「彼には欠点があるが、それにもかかわらず私は彼が好きだ」

この文は文語体で、口語ではまず使われません。

この文からnone the lessだけが独立してnonetheless「それにもかかわらず」ができました。さらにnoneがneverに取り替えられてneverthelessという副詞ができました（おそらく、後の時代の者にとって、noneを副詞として使うのに抵抗があったからだと推察されます）。今ではnonethelessは使用頻度がかなり低くなりましたが、neverthelessはよく使われます。

設問の解説

正解：(B)
前半「地上には雨がほとんど降らない場所がある」と、後半「その地域が必ずしも砂漠にならない」は逆接の関係ですから、(A)「このように、それゆえ」、(C)「それゆえ」、(D)「さらに」は不適切で、(B)が正解。

[訳] 地上には雨がほとんど降らない場所がある。にもかかわらず、その地域が必ずしも砂漠にならないのは、そこで成長することができる草や他の植物が存在するからだ。

100 比較

破線部に入れるのに適切なものを1つ選べ。

This country is so ------- that it takes no more than a day to drive around it.

(A) large
(B) narrow
(C) small
(D) wide

● no more ~ than って否定文？

違います。比較級の前の数字は「差」を表します。たとえばI am two years older than Bob.ならtwo yearsが「差」を示して「私はボブより2歳年上だ」という意味です。よってno＋比較級ではnoは「差がゼロ」を意味します。つまり、I have no more than 200 yen.なら文字通りには「200円を1円たりとも超えることはない」ということですから、「所持金がたったの200円しかない」となります。反意語のno less

330

/ fewer than ～は「(多い気持ちを表して) ～も (ある)」という意味です。

これと同じように、I have no more money than you do. なら、「私の持っているお金の量」=「君の持っているお金の量」を意味します。よって、直訳すると「私は君と同じだけのお金を持っている」となります。

ただし、no moreはno＋moreですから「プラスαがない」という意味で、マイナスのイメージとなります。ですから、no more ～ than全体がマイナスのイメージになり「私は君と同じだけのお金を持っている、しかもそれはゼロだ」という意味になることが多いのです。よって、意訳して「君がお金を持っていないと同様、私も持っていない」ということも可能なのです。

また、no less ～ thanは「マイナスαがない」からプラスイメージになります。

● no more ～ than って常に否定的な意味になるの？

90パーセントぐらいはそうですが、例外もあります。

【例1】Yesterday, when I bought shoes and the man measured my feet, one foot was larger than the other. I wondered why this should be, since one foot does no more work than the other.

「昨日、靴を買う時に店員に足を測ってもらうと、片方の足が他方の足より大きかった。左右の足によって働きが違うことなどない以上、どうしてこんなことになるんだろうと思った」

この文では「1つの足の仕事量」＝「もう1つの足の仕事量」ですが、否定的に訳すとおかしいことになります。

no less ～thanは常に肯定的にとらえてもOKです。

【例2】I am no less worried about him than you are.

「私はきみと同じように、彼のことを心配している」

Part 05 形容詞・副詞・比較

設問の解説

正解：(C)
後半に「車で1周するのに1日ぐらいしかかからない」とありますから、「その国が狭い」ということがわかります。これは「面積」についての言及ですから、「幅」を示す(B)「(幅が) 狭い」、(D)「(幅が) 広い」が消え、さらに「狭い」から(A)が消えます。
[訳] この国は非常に狭いので、1日ぐらいで車で1周できてしまう。

結びにかえて

日本の英語教育の向上に対する「熱き思い」を質問形式で語りたいと思います。

Q1.英文法が弱いのですが何をすればいいですか?

　これは、予備校で年に何十回も聞かれる質問の1つです。こういう時には「文法を何に使うの?」と尋ねることにしています。すると相手は一瞬ひるみますので、相手の答えを待たずに「英文法というのは、『読むため、聞くための英文法』と『書くため、話すための英文法』の2種類しかないと思うよ」と続けます。そして「君はどちらなの?」と畳みかけるように問い詰めてみます。

　すると、生徒はたいてい困った顔をして「文法問題を解くためです」と答えます。「文法問題を解くために英文法を学習する」というのは日本の受験生の間では珍しくないのですが、よく考えれば奇妙な現象です。本末転倒といってもいいかもしれません。しか

結びにかえて

も、受験生が挙げる文法問題は、多くの場合、おかしな問題です。

次の問題を見てください。

> His father died, ------- , he failed in the examination.

この問題は4者択一問題で、to make matters worseが正解（？）となります。まず、「彼」とは誰でしょう？ 「安物の文法問題」の主語は、多くの場合、代名詞ではじまります。固有名が使われていたとしてもBob, John, Mike, Tom, Ann, Mary, Nancyがほとんどです。6年間も英語を勉強して人名を10ぐらいしか知らないというのはこうした事情によるものです。人名の多様性も文法問題の是非を見抜く1つの目安としてみてください。

さらに、この問題文には文と文をつなぐ接続詞がありません。破線部の直前にandが必要です。最悪ですね。また第2文はhe failed the examがふつうの言い方です。これだけでも十分に酷いのですが、訳してみましょう。「彼の父親は死んだ。さらに悪いことに、

彼は試験に落ちた」。父親が亡くなったことより自分が試験に落ちたほうが悪い、というのでは「父」が可哀想ですね。

　こんな問題はやればやるほど英語の感覚がおかしくなります。受験生も社会人も、「おかしな文法問題」のための訓練は是非やめてもらいたいものです。

> **used to Vは過去の規則的習慣で、would Vは過去の習慣的行為**

　これは、ある受験参考書の記述です。「どういう場面で使うのか」が全然はっきりしない。「この説明で理解しろ！」というのは酷というものです。説明は不十分、問題文は不自然な英語、訓練用問題もない、このような問題集では学力向上は望めません。

　英米人の書いた英文法問題集はまともなものが多いと思います。たとえば、『マーフィーのケンブリッジ英文法』（Cambridge University Press）は優れています。韓国では日本の10倍も売れているそうです。韓国が日本の半分ぐらいの人口しかないことを考えれば、すごいことですね。韓国の英語のレベルの高さを

物語っているような気がします。『エイザーの基本英文法』(桐原書店) というのも悪くないですね。

　日本の高校生が、大学名を冠した一問一答式の問題集ではなく、英語力を上げるための問題集を使うことを願ってやみません。

Q2.私の知らない英文法を
　　教えなくてはならないのですか？

　この質問だけ見ると、読者の皆さんには意味不明かもしれません。実は、この質問はある英語の先生から発せられた嘆きです。この先生は、教員対象の私の授業（予備校主催）を聴講されて、その後の質問の時間に上記の発言をなさいました。この先生は帰国子女で、長い間米国で生活しておられたようです。そして、日本に帰ってきて英語の教師になられたのですが、高等学校から渡された「受験用の文法問題集と文法参考書」を読んでみて驚かれたようです。まず、おびただしい数の問題（しかも、すべてバラバラの文法事項）、さらには使ったことも見たこともないような文法規則が数多く並んでいたのです。

　もちろん、英語を母語として学んだ人と、英語を外

国語として学ぶ人とでは、文法に置かれる比重は随分と違うと思います。それでも、英米の日常会話や本や雑誌で、まずお目にかからないような英文法を教えることにどのようなメリットがあるのでしょうか？　疑問に思わずにはいられません。

日本では、中学の3年間で大切な英文法をほとんど教えています（「教え方がまともなら」の話ですが）。ふつう、語学は3年もやれば文法事項はほぼ終わっているはずなのです。日本の高校で教えている英文法は「おまけの英文法」が大半なわけです。だから、「to不定詞の副詞的用法」としてto do him justice「彼を正当に評価すれば」なんてものを一生懸命覚えなければならないのです。

私は教員対象の授業で、「できるだけ教える英文法を絞りましょう」とお願いしています。でも、日本人は完璧主義や網羅主義の人が多いですから、なかなか難しいですね。

Q3. まともな英文法の問題って何をやればいいの？

良問を出しているのは、実用英語技能検定（通称、

結びにかえて

英検)、国連英検、ケンブリッジ英語検定、TOEIC、TOEFL（留学のための英語運用能力テスト）などの英米人が中心となって作成された問題です。昭和の頃の英検は酷い問題もありましたが、現在では素晴らしい問題です。のべ100名の英米人が作っておられるそうです。現在の英検準1級と1級の4者択一方式の問題には「語彙や熟語問題」は出ていますが、いわゆる「文法問題」は1題も出ていません。これは出題するものがないからだと思われます。もしこのレベルで文法問題を出すと、まさに「重箱の隅をつつく問題」しか出来ないからでしょうね。英検2級でも文法問題はほんの数題だけです。国連英検も英検同様に良質です。

ケンブリッジ英語検定は、知名度の点では今ひとつですが、4技能（読む、書く、話す、聞く）すべてを問うという意味で良い試験です。もちろん、文法問題も良い問題です。

TOEIC、TOEFLも良問ですが、級が分かれていないため、初心者には使いにくいと思います。特にTOEICは、尋ねている文法事項は簡単でも、CEO「最高経営責任者（chief executive officer）」などの用語

に慣れていないと難しく感じるかもしれません。

　大学入試問題では、まず大学入試センター試験の問題が良問です（1989年までの共通一次の頃の問題は変なものも混じっています）。この試験には本試験と追試験（本試験を病気などで受験できなかった受験生のための追加試験）があります。追試験はちょっとマニアックな感じがしますが、概ね良問です。TOEICで700点に満たない社会人の方は試してみる価値があると思います。

　注意してほしいのは、こうした検定試験やセンター試験に似せて作った文法問題集は玉石混淆だということです。なかには似ても似つかぬ酷い問題集もありますから、できるだけ過去問題集や公式問題集をやるようにすれば「安全」だと思います。

　東京大学の入試問題の文法問題も良問で、読解や作文のために必要な事項が問われています。しかし、一般の大学入試問題の文法問題は相変わらず変な問題が多いようですね。たとえばHeやSheからはじまって、文として完結していない問題も多数見られます。問題点を挙げればきりがありませんが、とにかく大学名のついた文法問題にはあまり手を出さないことです。

結びにかえて

●謝辞

『ドラゴン・イングリッシュ基本英文100』が世に出たのは、講談社の佐渡島庸平さん、篠木和久さんのお陰です。そのお陰でこの本も世に出ることになりました。David James先生、田平稔先生には『基本英文100』に引き続き今回も英文校閲を快く引き受けていただきました。講談社旧学芸図書出版部の石井克尚さんには、構想から校閲までお世話になりました。隅から隅まで原稿をチェックしていただき、また貴重なアドバイスをいただきました。文庫化に際し企画部の今橋みちるさんにお世話になりました。皆さん、本当にありがとうございました。

　　日本の英語教育が世界レベルになることを願って

2016年2月
竹岡広信

本書は、2012年3月に小社より刊行された
『ドラゴン・イングリッシュ 必修英文法100』
を改訂し、文庫化したものです。

竹岡広信―1961年生まれ。洛南高校、京都大学工学部、同文学部卒業。「生徒に英語を好きになってほしい」という思いから英語教師に。駿台予備学校、洛南高校で講師を務め「英作文の鬼」との異名を持つ。竹岡塾主宰。「日本の英語教育をよくしたい」という思いが反映された講義はいつも満員で、東大合格者へのアンケートで、「あの先生のおかげで英語が克服できた」ともっとも信頼されたカリスマ英語講師。

ポケット版
講談社+α文庫 **ドラゴン・イングリッシュ 必修英文法100**
竹岡広信（たけおかひろのぶ）　©Hironobu Takeoka 2016

本書のコピー、スキャン、デジタル化等の無断複製は著作権法上での例外を除き禁じられています。本書を代行業者等の第三者に依頼してスキャンやデジタル化することは、たとえ個人や家庭内の利用でも著作権法違反です。

2016年3月17日第1刷発行

発行者	鈴木 哲
発行所	株式会社 講談社
	東京都文京区音羽2-12-21 〒112-8001
	電話 編集(03)5395-3522
	販売(03)5395-4415
	業務(03)5395-3615
デザイン	鈴木成一デザイン室
カバー印刷	凸版印刷株式会社
印刷	慶昌堂印刷株式会社
製本	株式会社国宝社

落丁本・乱丁本は購入書店名を明記のうえ、小社業務あてにお送りください。
送料は小社負担にてお取り替えします。
なお、この本の内容についてのお問い合わせは
第一事業局企画部「+α文庫」あてにお願いいたします。
Printed in Japan ISBN978-4-06-281655-7
定価はカバーに表示してあります。

講談社+α文庫 Ⓑことば

タイトル	著者	内容	価格	番号
＊10歳からの親業 親と子の問題を解決する「聞き方」「思いがとどく話し方」	近藤千恵	子が思春期になる前に親が学ぶべき「心の壁がなくなる聞き方」「思いがとどく話し方」	667円	68-1
＊ふだん使いの正しい敬語	奥秋義信	間違いやすい敬語の事例をクイズ形式で楽しく紹介。では、「お気をつけて」はなぜ×？	552円	69-1
＊日本人が「英語ペラペラ」を本当に実現できる本	高島康司	単文をつないでいくだけ！究極のカンタン会話法で、あなたの英語は世界で通用する！	648円	72-2
＊ネイティブが？？？(ハテナ)にならない英語	デイビッド・セイン	ネイティブとの間に生じる誤解を英文ごとに丁寧に解説。これでネイティブとツーカー！	562円	73-1
＊英語で発想できる本 会話がこなれる感じ方・考え方	牧野髙吉	学校英語にひと工夫加えるだけで、「誤解される英語」を「使える英語」に変える95のコツ	648円	74-1
心を動かす「伝え方」 また会いたくなる「話し方」	梶原しげる	30年以上のアナウンサー人生で培った、人に愛され、信頼される会話術＆スピーチの極意！	571円	75-1
この言葉の「違い」、説明できますか？	日本こだわり雑学倶楽部	「重体」と「重傷」の違いって？知ってるようで知らない日本語の違いにこだわった一冊	571円	76-1
言えそうで言えない英会話 中学英語レベルでもっと話せる！	グレン・サリバン	3パターンの例文を読めば、"言いたいことを"本当に"伝える力"がつく！	700円	77-1
ポケット版 ドラゴン・イングリッシュ 基本英文100	竹岡広信	30万部突破のモンスター参考書が文庫化！この100文で本物の英作文力を身につける！	880円	78-1
ポケット版 ドラゴン・イングリッシュ 必修英文法100	竹岡広信	東大合格者が最も信頼を寄せる人気講師のモンスター参考書、今度は使える英文法編！	900円	78-2

＊印は書き下ろし・オリジナル作品

表示価格はすべて本体価格（税別）です。本体価格は変更することがあります

講談社+α文庫 Ⓐ生き方

出口汪の「日本の名作」が面白いほどわかる
出口 汪

カリスマ現代文講師が、講義形式で日本近代文学の名作に隠された秘密を解き明かす！

680円 A 153-1

モテる男の即効フレーズ 女性心理学者が教える
塚越 友子

女性と話すのが苦手な男性も、もっとモテたい男性も必読！ 女心をつかむ鉄板フレーズ集

700円 A 154-1

大人のADHD
司馬理英子

「片づけられない」「間に合わない」……大人のADHDがわかりやすく解説

580円 A 155-1

裸でも生きる 25歳女性起業家の号泣戦記
山口絵理子

途上国発ブランド「マザーハウス」を0から立ち上げた軌跡を綴ったノンフィクション

660円 A 156-1

裸でも生きる2 Keep Walking 私は歩き続ける
山口絵理子

ベストセラー続編登場！ 0から1を生み出し歩み続ける力とは？ 心を揺さぶる感動実話

660円 A 156-2

ゆたかな人生が始まる シンプルリスト
ドミニック・ローホー
笹根由恵＝訳

欧州各国、日本でも「シンプルな生き方」を提案し支持されるフランス人著者の実践法

630円 A 157-1

今日も猫背で考え中
太田 光

爆笑問題・太田光の頭の中がのぞけるエッセイ集。不器用で繊細な彼がますます好きになる！

720円 A 158-1

人生を決断できるフレームワーク思考法
ミカエル・クロゲラス＋
ローマン・チャペラー＋
フィリップ・アーバート
月沢李歌子＝訳

仕事や人生の選択・悩みを「整理整頓して考える」ための実用フレームワーク集！

560円 A 159-1

習慣の力 The Power of Habit
チャールズ・デュヒッグ
渡会圭子＝訳

習慣を変えれば人生の4割が変わる！ 習慣と成功の仕組みを解き明かしたベストセラー

920円 A 160-1

もし僕がいま25歳なら、こんな50のやりたいことがある。
松浦弥太郎

生き方や仕事の悩みに大きなヒントを与える。多くの人に読み継がれたロングセラー文庫化

560円 A 161-1

＊印は書き下ろし・オリジナル作品

表示価格はすべて本体価格（税別）です。本体価格は変更することがあります。

講談社+α文庫 Ⓕ心理・宗教

やめられない心 毒になる「依存」
クレイグ・ナッケン
玉置 悟訳
人生を取り戻すために。『毒になる親』『不幸にする親』に続く、心と人間関係の問題に迫る第3弾！
700円 F 35-3

そうだったのか現代思想 ニーチェからフーコーまで
小阪修平
難解な現代思想をだれにでもわかりやすく解説する。これ一冊ですべてがわかる決定版!!
1100円 F 37-1

＊天才柳沢教授の生活 マンガで学ぶ男性脳18「男はここまで純情です」セレクト
山下和美
黒川伊保子 解説
「モーニング」連載マンガを書籍文庫化。典型的男性脳の権化、教授を分析して男を知る！
667円 F 50-1

＊天才柳沢教授の生活 マンガで学ぶ男性脳16「男はこんなにおバカです！」セレクト
山下和美
黒川伊保子 解説
「モーニング」連載マンガを男性脳で解説。教授を理解してワガママな男を手玉にとろう！
667円 F 50-2

決定版 タオ指圧入門
遠藤喨及
いのちを司る「気のルート」をついに解明。奇跡の手を持つ男が、心身に効く究極の手技を伝授！
800円 F 51-1

妙慶尼流「悩む女」こそ「幸せ」になれる 本当の愛を手にするための仏教の教え
川村妙慶
100万人の老若男女を悩みから救ったカリスマ女性僧侶が親鸞聖人の教えから愛を説く
619円 F 52-1

＊いまさら入門 親鸞
川村妙慶
日本で一番簡単で面白い「親鸞聖人」の伝記誕生。読めば心が軽くなる！
648円 F 52-2

毒になる母 自己愛マザーに苦しむ子供
キャロル・マクブライド
江口泰子訳
私の不幸は母のせい？ 自己愛が強すぎる母親の束縛から逃れ、真の自分を取り戻す本
630円 F 53-1

内向型人間のすごい力 静かな人が世界を変える
スーザン・ケイン
古草秀子訳
引っ込み思案、対人関係が苦手、シャイ……内向型の人にこそ秘められたパワーがあった！
840円 F 54-1

講義ライブ だから仏教は面白い！
魚川祐司
ブッダは「ニートになれ！」と言った!? 仏教の核心が楽しくわかる、最強の入門講座！
840円 F 55-1

＊印は書き下ろし・オリジナル作品

表示価格はすべて本体価格（税別）です。本体価格は変更することがあります。

講談社+α文庫 ©ビジネス・ノンフィクション

大空のサムライ 上 死闘の果てに悔いなし	坂井三郎	世界的名著、不滅のベストセラーが新たに甦った! 撃墜王坂井の、決死の生還の記録	880円 11-4
大空のサムライ 下 還らざる零戦隊	坂井三郎	絶体絶命! 撃墜王坂井の、戦友たちの迫真の記録クライマックス。日本にはこんな強者がいた!!	880円 11-5
血と抗争 山口組三代目	溝口 敦	日本を震撼させた最大の広域暴力団山口組の実態と三代目田岡一雄の虚実に迫る決定版!!	880円 33-1
山口組四代目 荒らぶる獅子	溝口 敦	襲名からわずか202日で一和会の兇弾に斃れた山口組四代目竹中正久の壮絶な生涯を描く!	920円 33-2
武闘派 三代目山口組若頭	溝口 敦	「日本一の親分」田岡一雄・山口組組長の「日本一の子分」山本健一の全闘争を描く!!	880円 33-3
撃滅 山口組VS一和会	溝口 敦	四代目の座をめぐり山口組分裂す。「山一抗争」の経過。日本最大の暴力団を制する者は誰だ!?	840円 33-4
ドキュメント 五代目山口組	溝口 敦	「山一抗争」の終結、五代目山口組の組長に君臨したのは!? 徹底した取材で描く第五弾!!	840円 33-5
武富士 サラ金の帝王	溝口 敦	庶民の生き血を啜る消費者金融のドンたちの素顔とは!? 武富士前会長が本音を語る!!	781円 33-6
食肉の帝王 同和と暴力で巨富を摑んだ男	溝口 敦	ハンナングループ・浅田満のすべて!⑱担当も驚く、日本を闇支配するドンの素顔!!	860円 33-7
池田大作「権力者」の構造	溝口 敦	創価学会・公明党を支配し、世界制覇をも目論む男の秘められた半生を赤裸々に綴る!!	880円 33-8

*印は書き下ろし・オリジナル作品

表示価格はすべて本体価格(税別)です。本体価格は変更することがあります

講談社+α文庫　ビジネス・ノンフィクション

書名	著者	価格	コード
新版・現代ヤクザのウラ知識	溝口 敦	838円	33-10
「ヤクザと抗争現場」溝口敦の極私的取材帳	溝口 敦	838円	33-10
細木数子 魔女の履歴書	溝口 敦	760円	33-11
昭和梟雄録	溝口 敦	876円	33-13
*四代目山口組 最期の戦い	溝口 敦	930円	33-14
*ヤクザ崩壊 侵食される山口組	溝口 敦	790円	33-15
六代目山口組ドキュメント 2005～2007	溝口 敦	800円	33-16
新装版 ヤクザ崩壊 半グレ勃興 日本最大の暴力団ドキュメント	溝口 敦	790円	33-17
山口組動乱!! 地殻変動する日本組織犯罪地図 2008～2015	溝口 敦	660円	33-18
日本人は永遠に中国人を理解できない	孔 健	640円	39-1

*印は書き下ろし・オリジナル作品

表示価格はすべて本体価格(税別)です。本体価格は変更することがあります。

暴力、カネ、女…闇社会を支配するアウトローたちの実像を生々しい迫力で暴き出した!

抗争の最中、最前線で出会った組長たちの素顔とは? 著者が肌で感じ記した取材記録!

妻妾同居の家に生まれ、暴力団人脈をバックに「視聴率の女王」となった女ヤクザの半生!

横井英樹、岡田茂、若狭得治、池田大作と矢野絢也。昭和の掉尾を飾った悪党たちの真実!!

巨艦・山口組の明日を左右する「最後の極道」竹中組の凄絶な死闘と葛藤を描く追真ルポ!

日本の闇社会を支配してきた六代目山口組の牙城を揺るがす脅威の「半グレ」集団の実像

暴排条例の包囲網、半グレ集団の脅威のなか、日本最大の暴力団の実像を溝口敦が抉る!

社会を脅かす暴力集団はヤクザから形を持たない半グレへ急速に変貌中。渾身ルポ!

六代目名古屋執行部と旧五代目系神戸派との相克の深層・源流と日本暴力地図のこれから

「お人好しの日本人よ──これぞ、中国人の本音だ! 誰も語ろうとしなかった驚くべき真実

講談社+α文庫　ⒼビジネスノンフィクションⒼ

絶望しきって死ぬために、今を熱狂して生きろ	見城 徹	熱狂だけが成功を生む！二人のカリスマの生き方そのものが投影された珠玉の言葉	650円	G 241-2
新装版「エンタメの夜明け」ディズニーランドが日本に来た日	藤田 晋	東京ディズニーランドはいかに誕生したか。したたかでウイットに富んだビジネスマンの物語	700円	G 242-2
箱根駅伝 勝利の方程式 7人の監督が語るドラマの裏側	馬場康夫	勝敗を決める方法、作戦の立て方とは？	700円	G 243-1
箱根駅伝 勝利の名言 34人・50の言葉	生島 淳	10人を選ぶ方法、監督次第。選手の育て方、	700円	G 243-2
うまくいく人はいつも交渉上手	生島 淳	テレビの裏側にある走りを通しての人生。箱根だけはごまかしが利かない大八木監督(駒大)	720円	G 244-1
ビジネスマナーの「なんで？」がわかる本 新社会人の常識 50問50答	齋藤孝	ビジネスでも日常生活でも役立つ！相手も自分も満足する結果が得られる一流の「交渉術」	690円	G
「結果を出す人」のほめ方の極意	射手矢好雄	挨拶の仕方、言葉遣い、名刺交換、電話応対、上司との接し方など、マナーの疑問にズバリ回答！	580円	G 245-1
伝説の外資トップが教えるコミュニケーションの教科書	山田千穂子	部下が伸びる、上司に信頼される、取引先に気に入られる！成功の秘訣はほめ方にあり！	670円	G 246-1
口ベタ・あがり症のダメ営業が全国トップセールスマンになれた「話し方」	谷口祥子	根回し、会議、人脈作り、交渉など、あらゆる局面で役立つ話し方、聴き方の極意！	700円	G 248-1
小惑星探査機 はやぶさの大冒険	新 将命	できる人、好かれる人の話し方を徹底研究し、そこから導き出した66のルールを伝授！	700円	G 249-1
	菊原智明			
	山根一眞	日本人の技術力と努力がもたらした奇跡。「はやぶさ」の宇宙の旅を描いたベストセラー	920円	G 250-1

＊印は書き下ろし・オリジナル作品

表示価格はすべて本体価格（税別）です。本体価格は変更することがあります

講談社+α文庫 ビジネス・ノンフィクション

「売れない時代」に売りまくる！超実践的「戦略的思考」	筏井哲治	PDCAはもう古い！ どんな仕事でも、どんな職場でも、本当に使える、論理的思考術	700円	G 251-1
"お金"から見る現代アート	小山登美夫	「なぜこの絵がこんなに高額なの？」一流ギャラリストが語る、現代アートとお金の関係	720円	G 252-1
仕事は名刺と書類にさせなさい 「目立つが勝ち」のバカ売れ営業術	中山マコト	一瞬で「頼りになるやつ」と思わせる！ 売り込まなくても仕事の依頼がどんどんくる！	690円	G 253-1
女性社員に支持されるできる上司の働き方	藤井佐和子	日本一「働く女性の本音」を知るキャリアカウンセラーが教える、女性社員との仕事の仕方	690円	G 254-1
武士の娘 日米の架け橋となった鐵子とフローレンス	内田義雄	世界的ベストセラー『武士の娘』の著者・杉本鐵子と協力者フローレンスの友情物語	840円	G 255-1
誰も戦争を教えられない	古市憲寿	社会学者が丹念なフィールドワークとともに考察した「戦争」と「記憶」の現場をたどる旅	850円	G 256-1
絶望の国の幸福な若者たち	古市憲寿	「なんとなく幸せ」な若者たちの実像とは？ メディアを席巻し続ける若き論客の代表作！	780円	G 256-2
しんがり 山一證券 最後の12人 今起きていることの本当の意味がわかる 戦後日本史	清武英利	'97年、山一證券の破綻時に最後まで闘った社員たちの物語。講談社ノンフィクション賞受賞作	920円	G 257-1
今起きていることの本当の意味がわかる 戦後日本史	福井紳一	歴史を見ることは現在を見ることだ！ 伝説の駿台予備学校講義「戦後日本史」を再現！	900円	G 258-1
日本をダメにしたB層の研究	適菜収	いつから日本はこんなにダメになったのか？ 「騙され続けるB層」の解体新書	630円	G 259-1

＊印は書き下ろし・オリジナル作品

表示価格はすべて本体価格（税別）です。本体価格は変更することがあります

講談社+α文庫 ⓒビジネス・ノンフィクション

Steve Jobs スティーブ・ジョブズ I	ウォルター・アイザックソン 井口耕二 訳	あの公式伝記が文庫版に。第1巻は幼少期、アップル創設と追放、ピクサーでの日々を描く	850円 G	260-1
Steve Jobs スティーブ・ジョブズ II	ウォルター・アイザックソン 井口耕二 訳	アップルへの復活、iPhoneやiPadの誕生、最期の日々を描いた終章も新たに収録	850円 G	260-2
ソト二 警視庁公安部外事二課 シリーズ1 背乗り	竹内明	狡猾な中国工作員と迎え撃つ公安捜査チームの死闘。国際諜報戦の全貌を描くミステリ	800円 G	261-1
完全秘匿 警察庁長官狙撃事件	竹内明	初動捜査の失敗、刑事・公安の対立、日本警察史上最悪の失態はかくして起こった!	880円 G	261-2
僕たちのヒーローはみんな在日だった	朴一	なぜ出自を隠さざるを得ないのか? コリアンパワーたちの生き様を論客が語り切った!	600円 G	262-1
モチベーション3.0 持続する「やる気!」をいかに引き出すか	ダニエル・ピンク 大前研一 訳	人生を高める新発想は、自発的な動機づけ! 組織を、人を動かす新感覚ビジネス理論	820円 G	263-1
人を動かす、新たな3原則 売らないセールスで、誰もが成功する!	ダニエル・ピンク 神田昌典 訳	『モチベーション3.0』の著者による、21世紀版「人を動かす」! 売らない売り込みとは!?	820円 G	263-2
ネットと愛国	安田浩一	現代が生んだレイシスト集団の実態に迫る。反ヘイト運動が隆盛する契機となった名作	900円 G	264-1
モンスター 尼崎連続殺人事件の真実	一橋文哉	自殺した主犯・角田美代子が遺したノートに綴られた衝撃の真実が明かす「事件の全貌」	720円 G	265-1
アメリカは日本経済の復活を知っている	浜田宏一	ノーベル賞に最も近い経済学の巨人が辿り着いた真理! 20万部のベストセラーが文庫に	720円 G	267-1

*印は書き下ろし・オリジナル作品

表示価格はすべて本体価格(税別)です。本体価格は変更することがあります

講談社+α文庫 ©ビジネス・ノンフィクション

タイトル	著者	内容	価格
警視庁捜査二課	萩生田 勝	権力のあるところ利権あり――。その利権に群がるカネを墓場まで追った男の「勇気の捜査人生」！	700円 G 268-1
角栄の「遺言」 「田中軍団」最後の秘書 朝賀昭	中澤雄大	「お庭番の仕事は墓場まで持っていくべし」と信じてきた男が初めて、その禁を破る	880円 G 269-1
やくざと芸能界	なべ おさみ	「こりゃあすごい本だ！」――ビートたけし驚嘆！ 戦後日本「表裏の主役たち」の真説！	880円 G 270-1
＊世界一わかりやすい「インバスケット思考」	鳥原隆志	累計50万部突破の人気シリーズ初の文庫オリジナル。あなたの究極の判断力が試される	680円 G 271-1
誘蛾灯 二つの連続不審死事件	青木 理	上田美由紀、35歳。彼女の周りで6人の男が死んだ。木嶋佳苗事件に並ぶ怪事件の真相！	630円 G 272-1
宿澤広朗 運を支配した男	加藤 仁	天才ラガーマン兼三井住友銀行専務取締役。日本代表の復活は彼の情熱と戦略が成し遂げた！	880円 G 273-1
巨悪を許すな！ 国税記者の事件簿	田中周紀	東京地検特捜部・新人検事の参考書！ 伝説の国税担当記者が描く実録マルサの世界！	720円 G 274-1
南シナ海が"中国海"になる日 中国海洋覇権の野望	ロバート・D・カプラン 奥山真司 訳	米中衝突は不可避となった！ 中国による新帝国主義の危険な覇権ゲームが始まる	880円 G 275-1
打撃の神髄 榎本喜八伝	松井 浩	イチローより早く1000本安打を達成した、神の域を見た伝説の強打者、その魂の記録。	920円 G 276-1
電通マン36人に教わった36通りの「鬼」気くばり	ホイチョイ・プロダクションズ	博報堂はなぜ電通を超えられないのか。努力しないで気くばりだけで成功する方法	460円 G 277-1

＊印は書き下ろし・オリジナル作品

表示価格はすべて本体価格（税別）です。本体価格は変更することがあります